泰寮湄公河流域

那伽 NAGA

美術調查

從文學到藝術的過程

張雅粱——著

推薦序　大蛇穿河併同作者越寺共造多樣地標藝術

　　任何國際規模泰學（Thai Studies）與寮學（Lao Studies）或泰國與寮國相關之研究，必有一定比重專論泰國東北通稱 Isan（伊森）的各類主題報告。這是因為 Isan 地區操用和寮國主體族群寮人（Lao）相通的寮語，而到很晚近，該地才因本土國家與歐洲殖民者協商之後，劃歸為暹羅或泰國領地。東西兩岸短距相望的湄公河，就此以界河之姿，區隔了該國與瀾滄王國或寮國。兩地縱使 10 月至 3 月的乾季時分，完全可以清楚看見彼此日常走動景觀，甚至雙足潦水一下子，即能登岸對方，如此地理接近語言融通的河東河西，卻也隨著時間流動，無論是「一個文化變成二個文化」的態勢，還是「一族分別效忠二國」的景象，總是成了迷人的國際學術話題。問題是，文化到底如何藉由歷史的現實而產生變動？此一大大提問，必須由深具微觀分析技藝和宏觀觀察天賦的研究者來達成目標。本書作者張雅粱老師，就是其中天選的泰寮研究學界社群新世代成員之一。本人榮幸受邀寫序，非常高興，也樂於鄭重推薦。

　　到過泰國的人，必定造訪佛寺，因為它的金碧輝煌特色，總能吸引目光，畢竟，像來自北傳佛教範圍的臺灣訪客，習慣

了寺院素雅，望見南傳模樣，無不瞪大眼睛好奇鑑賞。不過，本書作者的考察地方，是一般觀光客較少接觸的東北地區以及跨過湄公河彼岸的寮國北方，該區之佛寺地標，多見有著曼谷一帶少聞的 Naga（那伽）神獸。這個美麗圖像，不論是繪畫於壁牆，架設在建築物頂端，加上一頂高冠，或者搭成一條階梯模樣，絕對均能引人入勝。雅粱老師說，Naga 有來自印度文明的傳播基礎，但，泰寮本土大蛇信仰傳統，卻是使之經歷印度教和佛教主宰當地信仰之際，仍舊不曾衰退消失的要因。就是有這番文化交會的紀錄，才使得 Naga 文化叢（culture complex）得以多采多姿，如今，它得以全數被轉化至本書舒暢活潑的文字裡，想來就令人心情喜悅。關心東南亞文化史的學人學子，必讀本書。這一本不會太過厚重，精緻甘味的內容，絕對驅使讀者一口氣唸個大半，大呼過癮。

雅粱老師認為各地 Naga 形象和被創造而出的周邊事物，各有特殊狀態，其有源於古代歷史演進之因，例如今柬埔寨境內吳哥帝國的影響。也有近代之果，例如 Isan 歸屬何方，時而傳統瀾滄王國，時而法屬印度支那，時而英國保護之暹羅／泰國，文化衝擊以及國族製造過程，使得 Naga 本身彷如千變萬化，人們試圖理解它的管道或依據，著實多元可觀。這些等等，都被作者清楚交代，更給予理論上的充沛討論，難能可貴。

在綿綿歷史長河裡，一尾廣受景仰的大蛇，四處游走巡視，每抵達一個地方，就佇足片刻，留下足跡，而在地藝術家們即紛紛下筆製作，一尊尊或一幅幅Naga象徵實體據此現身。

而此等各地美學的代表樣態，有賴彷如隨著大蛇造訪各地的本書作者，對於泰寮 130 座佛寺，逐一給予詳實記錄寫真，各方美學也才能就此於本書顯露出來。大蛇穿河是一大事蹟，作者拎著紙筆錄像越訪各寺亦為學術大紀錄，牠／她們的跨世紀合作，讓東南亞北方之古典藝術地標，不因統面都見佛教而被掩蓋，人們入拜釋迦牟尼之前，已被美不勝收的 Naga 所折服，而這全拜大蛇「游世泳渡」與雅梁老師「遊世踏足」之賜。

作者的研究論點極為重視各個域方之 Naga 面貌顯現的道理。她尤其強調區域內、區域外、以及跨境區域等之「地」與「區」的辨識必要性，因為，有據於此，才能解讀廣泛單一 Naga 文化整體的各類變化現象。雅梁老師信心飽滿地揭櫫出此一被稱為「區域藝術建構論」的解釋模型。自此，我們可以掌握廣體 Naga 文化意涵，也能從事區域比較，並透視出各區域論述的價值。Naga 和各地方居民發生關係的美術與藝術造化演變，也能根據區域範疇的資訊與知識的掌握而獲得理解。本書作者的分析，頗具文學人類學的風格，也很接近藝術人類學體會藝術本身的用詞神韻，作為寫序的人，很是欣賞雅梁老師的一份破解人類美學活動所隱含之意義的堅持。一本好書就此誕生。

前面提到大蛇一尾，四處駐足，留下痕跡，而這痕跡正是在地文化與藝術家聯合打造的藝術品，果然顯現出各地痕跡不同。作者探訪百多間寺廟，有如大蛇游到各處一斑，也留下觀賞閱聽與觀察入微的紀錄。Naga 和作者志趣相同，可謂合而

為一，或說作者有如現代新版 Naga，持續為大陸東南亞文化的活力，注入豐沛養分。

本人拜讀有味，調皮地試著將作者的區域論述，再組合成點地（a point-like location／單間地點）、片地（a piece-like location／單區地點）、合地（a compound-like location／連區地點）、跨地（a connectedness-like location／越區地點）、大地（a generalization-like location／整區地點）等的「點－片－合－跨－大」五地理論。從單單一座佛寺開始，直至廣泛東南亞萬千寺院之整體共享文化，其間涉及之各大小不等規模的在地意義，足以重新寫明 Naga 於其間所呈現的地點美學與社會文化或甚至政治經濟關聯的解構秘方所在。「五地理論」是讀後心得，也願與作者的「區域藝術建構論」後續緣分。

一本深具價值之民族誌與藝術學術雙向內涵著作的問世，足可讓人藉著細細品味而再揭如舊換新的知識重造工程。本人有幸成為工程再建構過程的一員，也寄望作者能再接再勵，持續使東南亞文化與藝術學術研究，總是如此清新可人。

國立臺灣大學人類學系兼任教授
臺灣人類學與民族學學會前理事長
November 9, 2023

推薦序　從文到藝，筆路藍縷，湄公河流域那伽美術之旅

　　很高興得知雅粱要出版專書，其書名為《泰寮湄公河流域那伽美術調查——從文學到藝術的過程》。此書之目的有二，一是解說那伽（Naga）文化怎樣由文學、美術邁向藝術；二是經由跨域研究以剖析共享文化（Shared Culture）之下的泰寮區域藝術之差異。

　　記得十幾年前一同進行研究計畫時，雅粱曾經表示，她「很單純的喜歡藝術文化、喜歡做田野調查」。當時我已知道她做事之前會妥善規劃，執行計畫時使命必達。而十幾年下來，我看到她以篤實的態度、確切的行動，實踐了她在十幾年前所透露的心聲，可謂劍及履及。

　　據我所知，她在碩士及博士階段受過完整的美學、民族學等專業訓練。那時她完成了以泰國東北為研究場域、以丹塞（Dansai）面具文化為中心的博士論文，隨即毅然決然深入東南亞藝術文化的研究圈。在這樣的基礎上，雅粱近幾年來強化了區域論述，以泰國寮國湄公河那伽作品為研究文本，從區域研究的視角去探究泰國東北與寮國北部的那伽藝術，並且進一步分析泰國與寮國的共享文化。

在東南亞藝術研究的領域中，那伽是一個很重要並且頗具特色的對象。數年以來雅粱所耙梳的田畝之一，就是湄公河畔的那伽藝術。在真實世界裡，那伽應該是不存在的（就像龍應該是不存在的一樣），然而其並未因此而被在地百姓「存而不論」。相反的，那伽不只活在湄公河畔百姓的想像及信仰中，而且世世代代口耳相傳、筆紙相續，還接連被形象化、用種種物質材料為其造像，甚至賦予各種能量，那伽更一而再、再而三地獲邀參加在地社會的多種儀式、典禮或節慶。換句話說，那伽是東南亞藝術的重要成分。

由於那伽藝術大多再現於百姓的日常生活中，因此雅粱採取實地考察的方式，作為蒐集資料的主要方法之一。她以堅強的意志，背著笨重的儀器設備，跋山涉水，到泰國寮國各地與百姓生活緊密相關的佛寺，搜尋並記錄那伽作品，以理解那伽在泰寮百姓生活中的樣貌。

在研究的過程中，她經由田野調查和大量閱讀，深入瞭解那伽美術。她發現這種美術起源於常民生活中的那伽文學，接著立體化為佛教的繪畫、雕塑和建築空間藝術，又逐漸發展出織品、戲劇和許多無形的文化資產。其由文學至藝術創作的過程，不只體現了東南亞住民的創造力，更透露了在地社會的文化模式和價值觀。此一發展過程說明了那伽藝術發展之複雜性，也顯示其不只是跨域，還有區域現象。

雅粱把其研究心得筆之於書，此書實有難能可貴之處。難能的是，她一步一腳印，在大陸東南亞的北半部進行田野調

查。該地（尤其泰國東北部、寮國北部）是盛行那伽文化的主要所在：實體上，該地有湄公河蜿蜒穿越而過；神話故事上，湄公河流域流傳著許多那伽的神跡和故事；而且百姓根據古老的傳說，相信那伽的家就在湄公河底，其掌管大小河川及水資源，距離常民很近，也貼近常民的生活。因此，泰寮同享的湄公河流域是那伽文化的核心地方之一，也是觀察那伽美術的極佳場域。雅粱從 2015 年起在那裡進行田野調查，以四年的時間先從泰北出發，邁向泰國東北，然後跨過湄公河進入寮國北部，至今拜訪過的寺院至少 130 座，蒐集了各地關於那伽的第一手資料，然後以質量非常豐富的資料討論那伽美術與區域之關連性，例如共享文化、美術風格和藝術應用模式等。

　　可貴的是，雅粱對理論的反思和研擬。她提出「區域藝術建構論」，把泰國東北和寮國北部的那伽藝術分為區域內、區域外和跨境區等三種不同模式，藉以分析兩地的作品、共享文化。之所以要提出，是因為既有的文獻及理論很少採區域觀點，故而不克協助世人瞭解泰寮所共享的美術；因此，實有必要加入區域視角，這是其建構論的焦點。它包括了藝術品（art）、藝術家（artist）、閱聽人（audience）、區域（area）和在地智慧（local wisdom）等五元素，其為有機連結，彼此相互作用；其能說明泰寮在共享文化的脈絡下所呈現的既相似又相異的現象，亦即那伽美術會由於區域因素而產生差異。這能解決符號學所無法解決的問題，因符號學可以說明在地特色，然而不可以說明共享文化──符號學並無區域論

述。區域藝術建構論既能說明共享文化之因，其在地智慧也能解析共享文化之矛盾，並彰顯在地的特點。以上種種，都可作為日後東南亞藝術相關研究的厚實基礎。

應該說明的是，我國從事東南亞藝術研究的人向來不多，而雅粱是這片園地裡的園丁之一。實際上東南亞藝術這個園地很大，性質多元，而且內容複雜多樣，可說是猶如寶山，但長期在此耕耘的雅粱，知音不多。我真誠地希望她能藉由此一專書讓更多人理解她在耕耘什麼，也找到更多的知音。

嚴智宏

國立暨南國際大學東南亞學系專任教授

November 6, 2023

自序　第一個十年，此岸與彼岸

> 結縛為因本　身心不得脫
> 愛林無所生　比丘無煩惱
> 共捨彼此岸　如蛇蛻舊皮
>
> 《蛇品‧蛇經》，《小部‧經集》第一卷，
> 《漢譯南傳大藏經》

　　從我2014年取得博士學位後，今年剛好邁入第十個年頭，而「那伽」正是我博士後第一個獨立研究計畫，很感恩在這極具意義的第十年，承蒙秀威資訊出版社的盛情，讓這本書順利問世。

　　東南亞藝術是個極具魅力與潛力的領域，魅力在於藝術，潛力來自跨域。美學中的東南亞藝術不只是物件（object），它所處的文化脈絡包含了「人、地、時、事與科技」，這些時空因素的交乘，使東南亞藝術的內涵顯得複雜，不管從哪個角度切入，總能再向內探索，錯綜的文脈，讓東南亞藝術顯得迷人。

　　或許有人會慣用西方藝術史的觀點來凝視東南亞藝術，但兩造的基調並不相同，其間的美學理論自然可以互通，但物件

的脈絡卻是獨立的，所以進入東南亞藝術還是需要透過區域文化，這是捷徑，也是難度，從在地觀點理解創作背景，較有助於掌握藝術品內蘊的深層意涵。這個思路，是我沉浸東南亞藝術多年後才明白的道理，也是此書撰寫的架構。

我雙親都是澎湖人，海是我與生俱來的記憶，當初之所以研究那伽，一是先慈的影響，二來是受到〈攪乳海〉（或稱〈攪海的故事〉）的吸引。先慈是靈媒，教導我敬畏靈界，我從小看母親替人收驚、辦事，因此我生活中一直環繞著神佛，儘管宗教從來都不是我的研究選項，但原生家庭為我奠定的文化涵養，讓我可以很自然地理解那伽，不糾結虛空有無的困惑。再者，澎湖人的基因讓我著迷攪乳海的故事，想進一步瞭解那伽藝術的創作過程，於是2015年機緣開啟，謝謝嚴智宏教授的支持，讓我有幸開展科技部一年期博士後研究，2016年隨即受國立暨南國際大學東南亞學系的協助，再度通過科技部三年期獨立博士後研究，前後四年赴泰進行田野調查。2020年我赴中國大陸任教，感恩黃岡師範學院領導群的認可，同意我繼續研究那伽計畫，回顧過往八年，為了追尋那伽，我一路從泰北、泰東北走向寮北。

多年來，田野的小故事很多，我探詢那伽的軌跡從清邁出發，還記得首次田野是在2015年的雨季，到達清邁古城當天，我簡單租了間雅房便出門田野，不覺有異，但隔日起床，全身就微微發燙，我旅泰多次，早已克服水土問題，心想是舟車勞頓，沖個熱水澡後便準備外出工作。盥洗時，不經意發現自己

額頭美人尖的正下方，竟然出現一處直徑約1.5公分的淡淡黑斑，我沒多想，依舊出門採集。但這枚額頭印記卻日益加深，從淡黑轉成黑褐色，看似掌印撫額，令人憂心。

在南台灣跑跳那麼久，我不曾怕過陽光；大黑斑首次出現在身體上，這是頭一回，於是順手用相機拍下黑斑，擺在電腦螢幕下細細端詳，赫然發現印記上的光點，看起來彷彿一尊小那伽：大眼、蛇身，頭冠隱現，齜牙裂嘴的看著我，這枚黑褐色印記挑起我從小到大對靈界的印象。許多年過去，這張照片我都還保留著，或許，它就只是一個光影的巧合，但在浪漫的想像裡，我更傾向那是那伽守護我的方式，特別在研究路上，多次面臨山窮水盡時，總會出現一線曙光，指引我走向柳暗花明的新局，我深信若不是先父先母、那伽和許多貴人們出手相助，憑我一己之力，很難走到今天。

很多人知道那伽護佛，卻不清楚過程，我在翻譯〈那伽求道〉故事時才瞭解，原來那伽曾經在求道路上被拒絕、視為異類，但祂始終沒有放棄初衷，依舊奉行佛陀教誨，修行並守護三寶。這則故事讓我極為感動，人們總希望做事時，能順利從此岸到達彼岸，但往往事與願違；對那伽而言，離開僧團等同求道終止，不難想像祂當時的絕望已遠超過蛻皮劇痛，若不是對修行的熱情，我想那伽也很難反轉挫折，逆風前行。

研究路難行續行，從此岸邁向彼岸的過程中，感謝一路為我點燈指路的海內外師長、田野報導人與學界同行，謝謝碩、博導師明立國、張中復教授多年的指導；謝謝謝世忠教授長年

披荊斬棘開拓泰學與寮學，引領後學的研究路；謝謝「台灣東南亞學會」古鴻廷、蕭新煌、陳佩修、張雯勤、楊昊、陳琮淵教授……等前輩對我的幫助；謝謝國立中正大學教學專業發展數位學習碩士在職專班洪志成教授與國立政治大學民族學系林修澈教授傳授研究方法；謝謝王嵩山、林保堯、廖新田、廖仁義和張翰璧教授鼓勵我繼續向前；謝謝陳泓易、許功明教授在南華大學授課與口試期間，為我奠定美學基礎；謝謝國立政治大學民族學系陳文玲教授春風化雨的師德師範，令人倍感溫暖；謝謝蔣伯欣教授曾助我於困頓時；謝謝黃岡師範美術學院胡紹宗、袁朝輝兩任院長及美術學院同仁在陸的諸多協助；謝謝泰寮朋友們，以及所有曾與我交會的人事物；更感謝國內外長年匿名審查我計畫與作品的教授群，感恩您們淬鍊我的思辨。

　　我只是一名文化記錄者，感謝秀威資訊編輯團隊聚合所有因緣，沒有　貴社，這本書無以成就；同時感念我的先父母張金章先生與張高秋菊女士，在我39歲沒積蓄、沒穩定教職，又考上國立政治大學博士班時，您們是極少數支持我攻讀博士、行願了願的人。最後感恩那伽王長期護佑，讓我在田野期間總能化險為夷，完成使命，謝天謝地！

張雅梁

書於湖北黃岡

2023年初冬

目次

圖目次

表目次

前言

　　湄公河流域的那伽文化是泰國和寮國重要的無形文化資產（又稱非物質文化遺產，以下簡稱非遺），也是兩國的共享文化，它的發展歷程從文學、美術到藝術領域，兼具廣度與深度。寮國從2020年開始，兩度以那伽為名，將「寮國人社區那伽編織傳統工藝」（Traditional craft of Naga motif weaving in Lao communities）送交聯合國教科文組織，並於 2023 年列入《人類無形文化資產代表作名錄》；[1] 而泰國政府也在 2022 年底將那伽形象正式納為國家意象，這些舉措，除了說明泰、寮長期以來的國際競爭外，也彰顯那伽在泰、寮文化中的重要性。

　　筆者最初是執行湄公河流域的那伽美術調查，從泰國東北到寮國北部，走遍百餘間佛寺；在調查過程中，透過田野調查與大量閱讀才慢慢釐清那伽美術是源自那伽文學，並從佛教美術的繪畫、雕塑與建築拓展至藝術領域，漸次發展出布織品、戲劇、動畫、節慶與當代藝術……等多元文化產品，這個發展

---

[1] UNESCO, "Traditional craft of Naga motif weaving in Lao communities," Intangible Cultural Heritage Lists, UNESCO, https://ich.unesco.org/en/RL/traditional-craft-of-naga-motif-weaving-in-lao-communities-01973, December 31, 2023.

過程顯示那伽藝術的複雜性，不僅跨領域還有區域現象的問題，所以就東南亞藝術研究而言，「那伽」確實是一個重要案例，透過解構那伽藝術的過程，可瞭解其起源、發展與區域現象，同時有助於讀者以不同的視野領會東南亞藝術之美。

泰、寮湄公河流域主要包含了泰國東北與寮國北部，涉及區域議題，因此本書從區域研究的視角探討泰東北與寮北的那伽藝術，依序處理以下兩項子題：

第一，說明那伽文化如何從文學、美術走向藝術的過程。

第二，透過跨域研究分析共享文化下的泰、寮區域藝術（Regional Art）。

上述子題都環繞於湄公河流域，這條盤據北東南亞的重要河川，牽動著那伽文化，使其從文學、美術發展到藝術；同時湄公河流域的國別、社會與族群，也交錯影響著那伽藝術的發展，形成泰、寮區域藝術的差異。

本書共計六章，第一章介紹研究背景，第二章說明「那伽」是泰、寮兩國的共享文化，第三章到第五章則闡述那伽文化如何從文學、美術發展到藝術的過程，以解答本研究設定的第一項子題，這也是理解湄公河那伽文化的重要脈絡。接續第六章分析那伽藝術的區域現象，筆者以泰東北和寮北佛寺的那伽美術為例，透過「區域藝術建構論」（Regional Art Constructivism）剖析泰、寮那伽美術的建構過程，說明那伽美術的區域特色，以解答本研究的第二項子題。此外，泰、寮文的國際標音方式不一，不利閱讀，因此本書不再另行標音。

第一章　本書主要介紹

一、湄公河國界由來

　　泰國東北和寮國北部以湄公河為界，兩岸雖為一邊一國的狀態，但兩地向來有族源、文化和地理上的關連。泰國東北別稱伊森（อีสาน, Isan），「伊森」一詞借自梵語 "ईशान"（*i-sana*），本義為統治者與守護之意，也有濕婆神的意涵。根據印度信仰，濕婆神是東北地區的守護神，因此泰語便以濕婆神之名代稱「東北」，將泰國東北部稱為「伊森」。[1]「伊森」本指方位，後來被擴大解釋，用來表示居住於該地區的人，如泰東北人會自稱為伊森人。由於伊森大部分的地形為乾旱高原，故又名呵叻高原（Khorat Plateau），其與寮國的主體民族均為佬族（Lao），在百年前本屬一家。

　　早期湄公河兩岸村莊的不同，只是地方上的，彼此的居

---

[1]　Office of the Royal Society, "Isan." http://legacy.orst.go.th/?knowle
dges=%E0%B8%AD%E0%B8%B5%E0%B8%AA%E0%B8%B2%E0%B8%99-
%E0%B9%96-%E0%B8%95%E0%B8%B8%E0%B8%A5%E0%B8%B2%E0%B
8%84%E0%B8%A1-%E0%B9%92%E0%B9%95%E0%B9%95%E0%B9%92,
March 2, 2024.

民並無隔閡感；直到1893年泰國簽訂《法暹條約》（Franco-Siamese Treaty）後，法國和暹羅（泰國）約定以湄公河為界，暹羅王室被迫承認法國在湄公河東岸地區具有「保護」的政權，而湄公河西岸地區則繼續保留在泰國版圖內，[2]這項條約讓湄公河從地理河川變成國界，而兩岸的佬族也一分為二，成為了跨境族群。久而久之，伊森的佬族因國族意識和文化融合等因素開始被稱為泰佬人或伊森人，漸漸與寮國的佬族形成區隔。

呵叻高原是泰國和寮國的交界地帶，13世紀末之前，呵叻高原隸屬吳哥帝國（Angkor Empire，A.D. 9th-15th）的統治範圍，但從14世紀到19世紀末，呵叻高原就成為古代暹羅和佬族政權的前哨戰場，泰國和寮國早期的幾個政權，如：瀾滄王國（Lan Xang Kingdom, A.D. 14th-18th）、[3]琅勃拉邦王國（Luang Prabang Kingdom, A.D. 1707-1893）、永珍王國（Vientiane Kingdom, A.D. 1707-1828）、素可泰王國（Sukhothai Kingdom, A.D. 1238-1438）和大城王國（又稱阿瑜陀耶王國，Ayutthaya Kingdom, A.D. 1351-1767）等王國長年征戰於此，並各自在呵叻高原上建立政權前哨單位。

---

[2] Nicholas Tarling (ed.), *The Cambridge History of Southeast Asia II.* (Cambridge University Press, 1992), p. 52；中央研究院亞太區域研究專題中心，〈東南亞政經大事記（1900-2000）：寮國〉，東南亞政經大事記系列，《亞太研究通訊》第25期（2004年9月），頁156。

[3] 瀾滄王國為寮國古國，寮國古代對城邦邊界及政權分期的記錄不明，所以瀾滄王國的年代有多種說法，一般認定始於14世紀，開國君主為法昂國王（King Fa Ngum, 1353-1373/74），後因琅勃拉邦、永珍和占巴塞三個王國興起，遂結束於18世紀。

　　泰國和寮國兩國在古代都實施勐制，「勐」一詞衍申自梵文，指的是一種政治型態與社會結構，後來被廣泛的運用在東南亞社會中。凱斯（Charles F. Keyes）指出，東南亞可能在11世紀就出現了勐制，它是一種首領制的社會模式，一旦首領往生後，會指派後代子孫繼承勐，成為新的領導人。[4]對泰、寮而言，勐是一種社會關係和空間關係，建立在王權與土地上；勐從村的基礎發展，形成村落聯合組織，漸漸擴大組織成為勐，它可以是一組城邦，也能發展成一個王國。[5]在現代國家概念未出現前，「勐」就是泰人及佬族的政治、經濟和社會模式──村集結成勐、按土地行使封建制、制訂社會階級與權責，然後各司其職；這個層層包圍的「村─勐」制，像同心圓般的堆疊起以王權為中心的社會階序。

　　佬族在寮國的琅勃拉邦、永珍和泰國呵叻高原等地，自古陸續建置了大大小小的勐，這些勐地的居民常因政治或經濟的關係相互遷徙。據載，從14世紀中葉開始，就有很多瀾滄王國的佬族陸續移民至泰東北；[6]16世紀最後十年，永珍居民因要

---

[4] Charles F. Keyes, *The Golden Peninsula: Culture and Adaptation in Mainland Southeast Asia.* (Honolulu [Hawaii]: University of Hawaii Press, 1995), p.75.

[5] David K.Wyatt, *Thailand: A Short History.* (New Haven: Yale University Press, 2003), p.6; Kasem Udyanin and Kasem Suwanagul, "Development of Thai Administration," *東南アジア研究*第3卷，第3號（1965年12月），頁109。

[6] Duncan Mccargo and Krisadawan Hongladarom, "Contesting Isan-Ness: Discourses of Politics and Identity in Northeast Thailand," *Asian*

逃避瀾滄王國篡位者的統治，便大舉遷移至呵叻高原。此外，泰國加拉信府（Kalasin Province）的歷史也記載，寮國佬族於西元1050-1750年間穩定遷入該地區；而在18世紀後期，更多的政治反對者大規模的從永珍移入泰東北。[7]由此可知，在歷代戰事的影響下，幾百年來，大量的佬族移民陸續遷進呵叻高原，這使得呵叻高原從人煙稀少的地帶變成人口稠密的地區，也讓佬族的活動中心由湄公河東岸轉移至西岸，改變了當時暹羅的人口結構。

　　上述移民史顯示，湄公河兩岸的佬族早期本為同民族，擁有相同的語言和文化，但隨著《法暹條約》簽訂後，泰政府在國族意識的考量下，合理地運用「伊森」這個具有族群涵義的名稱打造泰東北，刻意將湄公河西岸的「佬族」變成「伊森」，透過教育讓他們成為大泰民族的一分子，目的在於區隔寮國佬族，以維護大泰主義。[8]相對地，寮國也在政治考量下進行語言改革，現今的寮語已有別於受泰語影響的伊森方言，於是，湄公河兩岸的佬族不僅族稱上起了變化，連原本相同的語言也在字形字音上出現差異。[9]自此，湄公河這條人為邊

Ethnicity 5.2 (2004), p.221, p.219.

[7] as cited in Charles F. Keyes, *Isan: Regionalism in Northeastern Thailand.* (Ithaca, N.Y.: Southeast Asia Program, Department of Far Eastern Studies, Cornell University, 1967), p.8.

[8] 蕭文軒、顧長永，〈泰國的國家整合與伊森地域認同的探析〉，《臺灣東南亞學刊》第9卷，第2期（2012年10月），頁14-16。

[9] Nick J. Enfield, "How to Define 'Lao', 'Thai', and 'Isan' Language? A View from Linguistic Science. The View from Linguistic Science," *Tai*

界，在國族意識的作用下，兩岸曾為一家的佬族，漸漸地在族群認同上產生區隔，一分為二。

　　伊森和寮國的關係密切，相關研究不少，如凱斯、謝世忠、何平、范宏貴、鄭曉雲……等人的族群研究，從傣泰、壯泰和伊森佬族的面向探討泰寮的族群關係；[10]文化部分如坦比亞（Stanley J. Tambiah）主持的泰東北研究，他在《泰東北的佛教與精靈崇拜》一書中分析泰東北四種儀式，包含佛教儀式、拴線儀式、守護神崇拜和惡靈儀式，透過結構分析歸納出泰東北農村宗教的共時性結構的輪廓。坦比亞闡述泰東北文化時，也簡扼地從宗教和歷史的面向說明泰東北與泰、佬文化之間的關係。[11]至於歷史方面也有不少文獻，例如懷亞特（David K. Wyatt）的《泰國史》、恩高斯利瓦那與布雷澤爾（Mayoury Ngaosrivathana and Kennon Breazeale）合著的《寮國歷史新視野：七至二十世紀文集》、泰國學者威尼差恭（Thongchai

Culture: International Review on Tai Studies 7.1 (2002), pp.62-63.

[10] 謝世忠，《臺灣放眼亞洲北東南：族群文化論集》（臺北：秀威資訊出版，2022）；謝世忠，〈不需對話的族群分類─寮國北部的「人民」與「國家」〉，《文化研究》第19期（2014年9月）；何平，《傣泰民族的起源與演變新探》（北京：社會科學文獻出版社，2015）；范宏貴，《同根生的民族：壯泰各族淵源與文化》（北京：民族出版社，2007）；鄭曉雲，《全球化背景下的中國及東南亞傣泰民族文化》（北京：民族出版社，2008）；Charles F. Keyes, "Ethnic Identity and Loyalty of Villagers in Northeastern Thailand," Asian Survey 6.7 (1966); Keyes, *Isan: Regionalism in Northeastern Thailand*.

[11] Stanley J. Tambiah. *Buddhism and the Spirit Cults in North-East Thailand*.(London, UK: Cambridge University Press, 1970), pp.25-31.

Winichakul）的《圖繪暹羅：一部國家地緣機體的歷史》以及
維帕卡雄吉（Toem Wiphakkhachonkit）的《寮國史》和《伊
森史》等書，一再說明泰東北和寮國歷來曾屬同一政治領域，
從吳哥帝國、瀾滄王國到暹羅王國等都是如此。[12]這些研究都
指向泰東北和寮國之間有共同的文化脈絡，當然也包括那伽
（Naga）文化在內，如兩地的那伽美術、節慶和民間故事等都
十分相似。

　　那伽源起印度，是人們想像中的神獸，印度史詩與佛經雙
雙記載了祂的形貌與故事，隨著文化傳播，那伽進入了南中國
與東南亞區域，中國、緬甸、泰國、寮國、柬埔寨、越南及印
尼等國都有那伽文化。華人對那伽很陌生，總直覺地將那伽與
中國的龍文化做連結，但那伽並不是龍，祂是東南亞文化中的
一個特殊元素，運用於文學、宗教、節慶與藝術，按柏拉圖
（Plato, 427-347 B.C.）的理型論來說，[13]那伽屬於先驗的理式

---

[12] Wyatt, *Thailand: A Short History*; Mayoury Ngaosrivathana and Kennon Breazeale (eds.) *Breaking New Ground in Lao History: Essays on the Seventh to Twentieth Centuries*. (Chiang Mai: Silkworm Books, 2002); Thongchai Winichakul, *Siam Mapped: A History of the Geo-Body of A Nation*. (Honolulu: University of Hawaii Press, 1994); Toem Wiphakkhachonkit, *A History of Laos*. (Bangkok: The Foundation for the Social Sciences and Humanities Textbooks Project, 1997), 2nd ed.; Toem Wiphakkhachonkit, *A History of Isan*. (Bangkok: The Foundation for the Social Sciences and Humanities Textbooks Project, 1999), 3th ed.

[13] 柏拉圖在〈理想國〉、〈智者篇〉和〈蒂邁歐篇〉中都有提到理型論，也舉了不少例子，其中在〈蒂邁歐篇〉中述及，可感世界被說成是造物主模仿

世界，現實世界對其所有的描述都屬於再現，祂不是人類世界
中的物質體，但卻透過人的思想與創造力，獲得形象與能量，
參與人類社會的運作。

　　北東南亞是那伽文化最盛行之處，主因湄公河位居於此，
傳說那伽就住在湄公河底，[14]因此泰、寮湄公河流域是那伽文
化的中心，也是觀察那伽藝術最佳的田野場域。筆者從2015年
開始進行泰、寮那伽美術的田野調查，前後花費四年時間走訪
130間佛寺，從泰北出發走向泰東北，之後越過湄公河進入寮
國北部，採集泰寮各地區的那伽美術，這些資料起初是用來探
討那伽美術與區域的關連性，包含共享文化與美術形制；後來
發現那伽美術的應用範圍已超越佛寺，進入當地人的日常生活
中，於是觀察的角度才從那伽美術拓展至那伽藝術。

　　在政治領域上，湄公河是泰寮的國界，斷然區分兩國的人
民，但在文化領域上，湄公河卻是那伽崇拜（或稱巨蛇崇拜）
的活水源頭，長期串連起泰寮人民的生活記憶，許多與那伽有
關的文化與藝術展演，均衍生於此。那伽是北東南亞文化的重
要特色，從那伽文學到藝術創作的過程，不僅體現了東南亞特
有的創造力，也反映出當地社會的價值觀與文化模式。

　　理念世界的原型而創造出來的。參柏拉圖（Plato）著，王曉朝譯，〈蒂邁
歐篇〉，《柏拉圖全集[增訂版]8》（北京：人民出版社，2015），頁173-
174。
[14] Mayoury Ngaosrivathana and Pheuiphanh Ngaosrivathana, *The Enduring Sacred Landscape of the NAGA*. (Chiang Mai, Thailand: Mekong Press, 2009), p.1.

二、從符號學到區域研究

本書的問題意識從符號學（Semiology）出發，2017年時，筆者曾以符號學論證泰東北的那伽美術與在地情境的關係，[15]之後當筆者越過湄公河進入寮北後，發現泰國和寮國共享那伽文化；雖說共享，但泰東北和寮國的那伽美術卻因地制宜，呈現同中有異、異中有同的風貌。這個文化共享的現象無法用符號學解釋，因為符號學欠缺區域論述，有鑑於此，筆者在美學的基礎下思考區域論述，試圖從區域研究的視角探討泰東北和寮北的那伽藝術。

（一）前期研究

在進行泰、寮湄公河流域那伽美術調查前，筆者曾花三年時間執行「NAGA美術研究：以泰國東北地區為中心」（2016-2019）計畫，[16]以符號學為研究方法，探討泰東北的那伽美術。符號學是研究「意義」的方法，關心客體、符號與系統間的關係。符號學從二十世紀初發展至今，早期由索緒爾（Ferdinand de Saussure）奠基，索緒爾提出符徵（signifier）與符旨

---

[15] 張雅梁，〈泰國東北佛寺之那伽美術考察〉，《南藝學報》第15期（2017a年12月），頁51-87。

[16] 張雅梁，「NAGA 美術研究：以泰國東北地區為中心」，GRB政府研究資訊系統，https://www.grb.gov.tw/search;keyword=Thailand;type=GRB 05;scope=1，2024年1月21日。

（signified）等概念，[17]認為語言是一個符號系統，符號為形式和概念的結合，是由符徵與符旨所組成，符徵指具體事物（聲音和形象），符旨則是心理概念，兩者的關係是任意性的。[18]

索緒爾使用符徵、符旨和符號來解釋意義，說明符號學的解讀方式好比是一個解析符號的方程式，每個客體都具有符徵跟符旨，由此討論符號的意涵。另一方面，皮爾斯（Charles S. Peirce）也探討符號的意義，但他是採用解釋義、客體和符號來解讀意義，皮爾斯和索緒爾對「意義的元素」的解釋模式雖不同，但兩者的理論相近。[19]皮爾斯不同於索緒爾之處在於「解釋義」，他認為解釋義會隨著使用者經驗範圍的不同而有所差異，皮爾斯將人類的思考納入意義產出的過程，換句話說，皮爾斯的關懷重點除了符號以外，還外延至符號與使用者之間的關係。相較之下，索緒爾則是熱衷符號之內的探究，不同於皮爾斯已經看到符號與使用者的關係。後繼的羅蘭‧巴特（Roland Barthes）則在這些論述基礎上發揚符號學，將其廣泛應用於文學、神話、流行體系與美學等各層面。

羅蘭‧巴特的論述奠基於索緒爾，其強項是擅用符號學泛

---

[17] 符徵在不同的解讀與翻譯中，又稱符號具、施指、能指或意符，在皮爾斯「意義的元素」裡，它相當於「符號」這個元素。同樣的，符旨在不同的解讀與翻譯中，也稱作符號義、所指或意旨，它在皮爾斯「意義的元素」裡，相當於「解釋義」這個元素。

[18] 喬納森‧卡勒著，張景智譯，《索緒爾》（臺北：桂冠出版社，1993），頁10；John Fiske, *Introduction to Communication Studies* (London: New York : Routledge, 1990) pp. 40-44.

[19] Fiske, Introduction to Communication Studies, pp. 41-44.

談文化，深化符號學理論。巴特的論點一方面向內擴充了符徵、符旨和符號之間的關係，並以現代神話（myth）為例，建構了第一秩序和第二秩序的符號系統，也就是符徵、符旨和符號三者，立體成二次度的動態關係，在第一系統中的一個符號，在第二系統中就變成另一個符徵，具備更深層的意義。[20] 另一方面，他向外拓展意指（signification）的深度，[21] 使符號的意義有更深層的討論，並延展索緒爾系譜軸（paradigms）和毗鄰軸（syntagms）的概念，[22] 論述符號與其外在元素、系統的關係。[23] 就符號學而言，索緒爾、皮爾斯和巴特三人分別代表了此學說漸次發展的三種向度，即「符號內」、「符號與使用者」，以及「符號與系統」三種觀點。

　　從符號學論證泰東北的那伽美術，可由上述「符號內」、「符號與使用者」，以及「符號與系統」三個向度討論「符徵和符旨」及「毗鄰軸」的內涵；「符徵和符旨」可說明那伽美術的多元意義，包含「符號本身的意義」及「符號與使用者」之間的文化意義，而「毗鄰軸」的系統結構關係則能呈現出單一地區的文化特色。

---

[20] Fiske, Introduction to Communication Studies, pp. 85-92.

[21] 意指又稱意義、指意，是將符徵與符旨結合一體，使其成為符號的行為，也是符號跟真實世界的關係。

[22] 系譜軸又稱聚合軸、聯想軸；毗鄰軸又稱組合軸。

[23] 參羅蘭・巴特著，李幼蒸譯，《寫作的零度：結構主義文學理論文選》（臺北：時報文化出版社，1991），頁97，105；羅蘭・巴特著，許薔薔譯，《神話學》（臺北：桂冠出版社），頁177；《索緒爾》，頁40；Fiske, Introduction to Communication Studies, p.44, p.85, 57-58.

　　首先，就「符徵和符旨」而言，伊森那伽的多義特性可由此獲得解釋，泰國學者薩潘（Pichet Saipan）曾調查泰東北那伽的儀式與文化，將那伽的文化意涵分為創造與毀滅者、祖先、水中之王、守護神和修行者等五類，[24]說明那伽具有多種的形象與文化意義，換句話說，「那伽」這個符號所內蘊的符旨相當多元，為方便理解，筆者繪製了圖1-1供讀者參考。[25]

　　圖1-1的第一系統中，那伽的形象和聲音形成了那伽概念，那伽概念透過醞釀，轉變到第二系統裡時，就出現了多義特性；第二系統裡的那伽是佛教三寶守護者，同時掌水、掌土、掌財，不僅能保護人類，還會協助建立城邦與佛寺，甚至部分佬族自認是那伽後裔，視那伽為「圖騰」，相信那伽會保護後代子孫，因此，那伽在伊森的文化脈絡中，具有守護神、護衛三寶、人天橋樑、水精靈、土地神、財富、法力高強、破壞、驅魔、生育與氏族等等多重意義。[26]這部分可用來解釋那

---

[24] Pichet Saipan, "Naga Worship" of the Mekong River Basin in Northeastern Thailand: Focusing on the Cultural Experience of Contemporary Rituals, Master Thesis in Department of Anthropology, Faculty of Sociology (Bangkok: Thammasat University, 1996), pp. 67-79.

[25] 圖1-1為筆者繪圖，資料參考來源：菲爾迪南・德・索緒爾著，屠友祥譯，《索緒爾第三次普通語言學教程》（上海：上海人民出版社，2002）；Fiske, Introduction to Communication Studies, pp. 40-44.

[26] 參Phiraya Pritasuwan, Naga Decorate Buddhist Temples in Amphoe Mueang Nan. (Chiang Mai: Chiang Mai University, 2014), p.3, 25; Pinna Indorf, "The Precinct of the Thai Uposatha Hall (Bot): A Southeast Asian Spirit World Domain," Journal of the Siam Society 82 (1994), pp. 32-33.

伽美術為何普遍見於泰東北，因為「那伽」的多重意義為泰東北所共用，所以祂能成為泰東北的特色，連帶也影響了那伽美術的傳布，使其流行於泰東北地區。

那伽客體

△

符徵　　　符旨

第一系統	
	那伽（聲音）
第二系統	那伽概念

第一系統	那伽概念
第二系統	守護神、護衛佛教三寶、天界橋樑、水神、土地神、財富、法力高強、破壞、驅魔、生育與氏族等等。

圖1-1　那伽的符徵與符旨分析
　　　　圖片來源：張雅梁繪圖

再者論毗鄰軸，那伽符碼有系譜軸和毗鄰軸兩類，但泰東北以那伽崇拜為主，其他神獸在此相形失色，因此系譜軸於此可不討論。以毗鄰軸而言，伊森各地區的那伽毗鄰軸差異相當明顯，如表1-1，筆者依「那伽民間故事」和「那伽節慶」分析那伽毗鄰軸，發現伊森各地的那伽毗鄰軸互不相同，且特別集中於泰東北的湄公河區內，遂形成地區差異，而形成差異的主因來自於湄公河，因為湄公河素來與佛教、那伽的關連密切，這是長久以來經由在地的民間故事和那伽神跡所建構出來

表1-1　泰東北那伽符號的毗鄰軸分析

泰東北區域	流傳地區	名稱	毗鄰軸元素
全區	泰東北	那伽求道	佛陀＋那伽＋僧團
中區	色軍、烏隆	帕登和楠艾	那伽＋公主＋鬼王
中區、湄公河區	農開、益梭通	火箭節	那伽＋地方守護神＋祈雨
湄公河區	農開	那農佛塔故事	佛陀＋那伽＋守護佛塔
湄公河區	那空帕農	佛陀舍利故事	佛陀＋那伽＋守護佛塔
湄公河區	農開	那伽火球故事	佛陀＋那伽＋僧團＋出夏節
湄公河區	農開	那伽火球節	佛陀＋那伽＋出夏節＋湄公河

資料來源：張雅梁整理

的結果，[27]不斷形塑那伽就住在湄公河底的意象，所以湄公河區有關佛教和那伽的故事就特別多。

　　那伽神話強化了那伽符碼，那伽神跡越明顯的地區，那伽毗鄰軸就越豐富，這個現象自然影響了各地區間那伽美術的表現與強度。以泰國來說，那伽是泰東北的文化特色，而其中的

---

[27] Pathom Hongsuwan, "Sacralization of the Mekong River Through Folk Narratives," *MANUSYA: Journal of Humanities,* Special Issue19 (2011), pp. 43-44.

湄公河流域更是那伽崇拜的重鎮，所以湄公河流域的那伽文化比伊森其他地區都來得豐富，彰顯出來的那伽毗鄰軸也最多。

筆者於泰東北田調的結果顯示，該地區的那伽美術具有地方特色，且地域相近的佛寺往往會呈現相似的那伽美術，此論述對區域藝術而言有意義，因為在地特色能說明區域的多元風格。但問題是：泰東北的那伽研究雖有助理解那伽美術的在地特色，但這套論述卻無法解釋跨域與跨國的共享文化，因為符號學欠缺區域論述，故於本書中，筆者在美學基礎下強化區域論述，從區域研究的視角探討泰東北與寮北的那伽藝術，用以解析泰、寮的共享文化。

（二）研究方法

本研究採用質性研究法，主要田野地點為泰、寮湄公河流域。筆者於2015-2019年間至泰、寮邊境進行調查，期間也到泰北和泰中收集一部分資料，共採集130座佛寺資料（參附件）。

方法論上，本書有兩點較不同於以往的研究，一是文本來自田野調查，二是跨域視野：

第一：本書討論的範疇包含那伽文學、美術與藝術三大類，除書籍文獻外，分析樣本以田野採集資料為主。那伽崇拜雖是湄公河流域的文化特色，但祂一直都是以護佛姿態出現，很少成為藝術創作的主題，直到千禧年後，才有零星的藝術創作出現，因此博物館的那伽藏品很少，必須外求其他文本。比

起博物館，那伽藝術更多體現於常民生活中，所以
研究者改採實地考察的方式，進入泰、寮各地佛寺
收集那伽作品，以理解那伽藝術於泰寮人民生活的
應用樣貌。本研究為隨機抽樣，樣本主要收集於泰
國東北部與寮國北部的佛寺，其類型多元，包含文
學、雕塑、壁畫、表情符號、動畫、節日、護身
符、布料和展覽品等。

第二：有鑑於藝術研究與區域研究長年在不同軌道上努
　　　力，但少有交集，因此本文在方法論上進行跨域研
　　　究，透過區域研究的視角探討泰東北和寮北的那伽
　　　作品。做此設定是因為泰、寮的那伽藝術因共享文
　　　化而不易區分，但透過區域觀點的分析，有助於察
　　　覺不同的脈絡關係。依此，一來可分析共享文化，
　　　二來在方法學上，能使藝術研究與區域研究產生交
　　　會。基於這樣的研究理念，筆者提出「區域藝術建
　　　構論」做為分析架構（詳第六章），將伊森與寮北
　　　的那伽藝術區分為區域內、區域外與跨境區三種模
　　　式，藉此剖析兩地的那伽作品與共享文化。

三、東南亞研究新路徑

　　本書為跨域研究，從區域研究的觀點剖析泰、寮共享文化
的現象，提出新論述，有別於以往的研究觀點，這也是理解東

南亞文化的新路徑。

　　就華人學界而言，東南亞區域研究向來以政經、華語文或族群研究為主，人文與藝術研究相對少見；可是東南亞人文藝術研究越來越受到重視，從近年來中國相繼成立「香港東南亞藝術研究院」（2013）和「普洱市東南亞研究院」（2015）等新興機構可見一斑，這些組織的任務都是以落實一帶一路國際合作和促進東南亞藝文交流為目標。此外，東南亞各國也陸續設立了許多藝文機構，透過國際合作的方式，辦理各種藝文活動與研討會，用以推廣東南亞的藝術與文化。越來越多的跨國性藝文活動說明東南亞區域研究在既有的政經、社會與人類學領域之外，已慢慢開展出東南亞本地的藝術研究。

　　賀聖達於2015年出版《東南亞歷史重大問題研究：東南亞歷史和文化從原始社會到19世紀初》套書，概述了中國的東南亞研究現況，他分別列出「東南亞通史」、「國別的文化史」和「東南亞文化」三大類研究的重要學者與代表作，[28]這是賀聖達統整陳序經、王民同、劉迪輝、梁英明、梁志明和許雲樵等人的東南亞史之作，他改以「東南亞歷史結合文化」的新視角書寫東南亞史，顛覆傳統東南亞史的寫法，加入民族、宗教與文化等橫向元素，以呼應李謀、張玉安、邱新民、梁立基和范宏貴等人的東南亞文化研究，目的在於豐富東南亞的研究視

---

[28] 賀聖達，《東南亞歷史重大問題研究：東南亞歷史和文化》（昆明：雲南人民出版社，2015），頁1。

野。「研究轉向」是賀聖達這套書最重要的意義，從傳統宏觀的大時代視野轉向微觀的人文視角，此翻轉過程揭示了東南亞文化多樣性的研究潛力，這是東南亞研究的新領域，也是時勢所趨。

本書的前沿性在於結合了東南亞藝術與區域研究，「區域」在藝術研究中有其重要性，首先，在實證研究上，筆者曾以符號學探討泰東北那伽美術，發現「地區」因素會影響那伽美術的分布，這說明「區域觀點」在某些案例上，確實是重要因素。再者，以現象而言，「區域」因共享文化而顯得重要，瑞德（Anthony Reid）早在2004年就語出：「考察東南亞研究最重要的趨勢在於地區本身。」[29]瑞德察覺到美國的區域研究雖不斷傾向單一整合的知識體系，但在知識整合的過程中，「文化轉變」的因素卻為區域研究保留一席之地，因為單一整合論無法含括與解釋文化轉變的現象。瑞德的觀察特別適用在共享文化的議題，因為東南亞國家間有許多共享文化，若要解析共享文化，區域便是不可忽視的要素，因此本書結合藝術與區域論述，以跨領域的思維作為研究方法。

事實上，區域研究和藝術研究長年來各自有成，但兩者很少交乘，如前所述，既然「區域」在藝術研究中有其重要性，且藝術學門與社會學素有交流，如洪儀真闡述過藝術社會學的

[29] Anthony Reid, "Studying Southeast Asia in a Globalized World," *Taiwan Journal of Southeast Asia Studies* 1.2 (2004), p.11.

學說派別，[30]那為何近代藝術研究思潮中幾乎不見區域論述？陳泓易曾以藝術行動為例，梳理社會學、美學與人類學對文化行動的重要理論，巧妙地以脈絡、去脈絡和再脈絡的進程串起近代藝術研究的思潮演進，[31]檢視這些藝術思潮，會發現無論是結構、文本或場域（field）的相關理論都有「地域」概念，但不一定涉及「區域」，其中跨界論述更少，這是因為區域研究雖可溯及20世紀中葉前的法國年鑑學派（Annals School of France）和施堅雅（G. William Skinner）的巨區理論，但其真正發展的時間是在1970年代後，由於受到美國學界中國史中心的影響，使得地方與區域史研究抬頭，之後才轉向跨領域研究路線。[32]換句話說，區域研究由於發展期短，加上學科屬性不同，所以和藝術研究鮮少交會，也很少出現有關區域議題的討論。可是，區域藝術的問題確實存在，如共享文化就是一個明顯的案例，它無法使用區域研究或藝術研究的方法單獨分析，但若能運用「藝術結合區域研究」的跨域思維進行探討，就有助於解決區域藝術的問題。

---

[30] 洪儀真，〈以創作的社會過程解析藝術作品：啟發與限制〉，《社會分析》第9期（2014年8月），頁45-85。
[31] 陳泓易，〈藝術行動的去脈絡化與再脈絡化探討〉，《南藝學報》第9期（2014年12月），頁1-23。
[32] 林玉茹，〈歷史學與區域研究：以東臺灣地區的研究為例〉，《東台灣研究》第7期（2002年12月），頁105-110；陳文德，〈史堅納（William G. Skinner）對於中國社會的研究〉，《人類與文化》第18期（1983年3月），頁56-64；柯保安（Paul A. Cohen）著，李榮泰等譯，《美國的中國近代史研究：回顧與前瞻》（臺北：聯經出版社，1991）。

　　《區域與網路：近千年來中國美術史研究國際學術研討會論文集》是近年華人學界少數從區域觀點論證藝術之作，其中幾位作者不約而同將「區域」與「藝術發展脈絡」做連結，如李慧漱所提的「文化空間」是以層層的社會論述結合藝術生產的概念，它並不是可具體丈量的實質空間，而是一種架構或母型（matrix）；在此架構上，可根據個人及社會價值所設定的關係坐標軸來審視藝術。[33]又如裴珍妮（Jennifer Purtle）用繪畫為媒介，意圖從中呈現出福建的地域性及面貌。[34]這些研究與本書所指的「區域藝術」有相應之處，都是從地理區域觀察美術表現，可見「區域觀點」對某些藝術研究而言，確實有其必要性。

　　詹明信（Fredric Jameson）曾以歷時性和共時性的概念解釋文化與生產方式，說明在歷時性概念下，生產方式是按時演進的過程，但在共時性概念上，生產方式是一個包含不同層次的共時系統。[35]歷時與共時的思路轉換，涉及研究方法，這也

---

[33] 李慧漱，《南宋臨安圖脈與文化空間解讀》，收於張瑋真、羅麗華編，《區域與網絡：近千年來中國美術史研究國際學術研討會論文集》（臺北：國立臺灣大學藝術史研究所，2001），頁66-67。

[34] Jennifer Purtle. "Foundations of a Min Regional Visual Tradition, Visuality, and Identity: Fuchien Painting of the Sung and Yuan Dynasties," In W. C. Chang and L. H. Luo (eds.), *Area and Network: Proceedings for the International Conference on a Millennium of Chinese Art Historical Studies* (Taipei: Graduate Institute of Art History, National Taiwan University, 2001), p.124.

[35] 詹明信（Fredric Jameson）著，唐小兵譯，《後現代主義與文化理論》（臺北：合志文化出版社，1990），頁16-17。

使得生產方式的論述焦點從時間轉向脈絡探討。就本書而言，那伽美術就是一種生產方式，但現有研究無法全然解釋泰、寮共享那伽美術的現象，所以方法論需要調整，故此，筆者加入區域視角，進行區域藝術探討，以期更合理地解構泰、寮的共享文化，這也是本書的宗旨所在。

四、相關名詞

進入正文前，先介紹幾個相關名詞：

那伽（Naga）

本書所採用的「那伽」中文翻譯引自《漢譯南傳大藏經》，傳說那伽會幻化成人，其為東南亞古文明的特色，屬於水神。那伽在《南傳大藏經》中的形象原本是蛇，由於在地解讀的差異，讓那伽形象一再糾葛於龍、蛇之間，從蛇形、龍形到長出頭冠的那伽，隨著地域改變，那伽的形象也隨之變化，而在泰、寮的文化脈絡裡，那伽就是一尊有頭冠的大蛇。此外，泰、寮人民也用「那伽」一詞統稱僧團中預備受戒剃度的行者。

美術與藝術（Fine Art & Art）

本書所稱的「美術」是指透過創造以引發美感經驗的活動總稱，包括建築、雕刻、繪畫及音樂等；而「藝術」的範圍較

美術寬廣，舉凡對自然物及科學，凡人所製作之一切具有審美價值的事物，如戲劇、編織、文化創意、設計、繪畫、雕刻、建築……等，均可稱為藝術。

區域藝術（Regional Art）

區域藝術是指從地理區域觀察藝術表現，以本書泰、寮區域為例，可依空間分為區域內、區域外與跨境區三類區域藝術模式。

區域藝術建構論（Regional Art Constructivism）

區域藝術建構論為本書所提的理論，以藝術結合區域觀點，將藝術場域圖示為「區域藝術建構圖」，此建構圖中有藝術品（art）、藝術家（artist）、閱聽人（audience）、區域（area）和在地智慧（local wisdom）五個相互作用的元素。在泰寮區域藝術的論述上，筆者會運用此理論解析各區域元素間的共構關係。

共享文化（Shared Culture）

各國由於歷史、族群與宗教等因素長期交融，出現相似、乃至相同的文化運行於各地，成為彼此共享的文化遺產。

在地智慧（Local Wisdom）

泰、寮的文化用詞，它是一種概念、生活態度和社會價值，具文化繼承性；舉凡想法、信仰、知識和生活方式等，都屬於在地智慧。

本生經（Jataka Tales）

本生經是記錄佛陀的前世故事，釋迦牟尼在成佛前，經歷多次輪迴，每次轉生，都有一個行善立德的故事，這些故事後來被佛門門弟子集結成為《本生經》，據元亨寺版《漢譯南傳大藏經》收錄，本生經故事共計有547則。

東南亞各國的《南傳大藏經》有不同的語文版本，本書所收錄的故事以泰文版《南傳大藏經》為主，因此在中文翻譯上會與《漢譯南傳大藏經》的語詞有些微出入，例如泰文版音譯的〈菩利塔本生經〉（ภูริทัตชาดก），就是《漢譯南傳大藏經》中的〈盤達龍本生譚〉，兩者為相同的本生經故事，只是中文翻譯有所不同，但故事內容是一致的。

雙神獸造形（Makara Spitting out Naga Shape）

意指「馬卡拉吐出那伽」的形象，此形制從吳哥時期就已存在，為使華人讀者容易理解，筆者將此造形翻譯成「雙神獸」，視其為馬卡拉和那伽兩種神獸的造形。

泰式設計（ลายไทย, Thai Painting Pattern）

泰式設計的紋樣原型來自古印度，[36]傳入泰國後，漸漸演變成泰國各時代的設計紋樣。泰式設計的靈感多數來自大自然，如花草、海浪、火焰、稻米等，並依其形發展成繁複對稱的紋樣。[37]

寮式設計（ລາຍລາວ，Lao Painting Pattern）

寮式設計的線條組合與泰式設計十分相似，都強調彎曲線條、繁複與對稱。此兩款設計沒有明確的分類標準，多依在地認定為準。

高棉形制（Khmer Form）

藝術領域中，「形制」（form）涉及事物的外部形狀和結構，而「風格」（style）則注重事物的特點、表現方式及個性，這兩個詞彙在某些語境中會產生交集。以那伽為例，高棉形制往往形成了高棉風格，兩者互有關連。高棉風格根據地區、年代與創作技法，可再細分為高棉或華富里（Lopburi）藝術等，這些不同地區的作品可歸納出主流形制的某些特色，本

---

[36] Sujit Wongthes. *Southeast Asian Shared Culture in ASEAN* (Bangkok, Thailand: Nata Hack Press, 2016), p.174.
[37] Boonma Changchaya. *Basic Patterns of Thailand Art* (Bangkok: Suwiriyasan, 2002), p.37,46.

書稱此為「高棉形制」，不再依年代細分各時期作品。

泰式形制（Thai Form）

　　泰式風格根據地區、年代與創作技法，可再細分為蘭那（Lanna）、素可泰（Sukhothai）、阿瑜陀耶（Ayutthaya）和拉達那哥欣（Rattanakosin）等不同時期的藝術，這些不同地區的作品可歸納出主流形制的某些特色，本書稱此為「泰式形制」，不再依年代細分各時期作品。

第二章　共享那伽文化

一、共享文化

　　東南亞共享文化的概念，近年來屢被提出，如泰國學者汪迪斯（Sujit Wongthes）將東南亞的共享文化推溯至古代，2012年他在於法政大學演講時，一開始只彙整出16種東南亞共享的古文明，[1]之後他將共享文化擴大解釋，於2016年出版的《東盟的東南亞共享文化》一書中，將東南亞共享文化增加至41種，藉此說明東南亞各國的文化關連。[2]另外，2013年聯合國教科文組織（UNESCO）曼谷辦事處在韓國資助下，執行東南亞共享歷史計畫，[3]這項中學教育計畫立基於共享歷史，不分國別、族群與文化，將東南亞歷史分成「人民與地方」、「早

---

[1] Sujit Wongthes, "The Shared Culture in ASEAN (Southeast Asia)," A lecture in the Osaka Project. organized by Faculty of Liberal Arts, Thammasat University. Thailand, 2012.

[2] Wongthes, *Southeast Asian Shared Culture in ASEAN*.

[3] 該計畫全名為：《以共享歷史促進東南亞的跨文化對話與和平文化》計畫（Promoting Intercultural Dialogue and a Culture of Peace in South-East Asia through Shared Histories）

期權力中心」、「米與香料」和「展望東南亞」四大主題，目
的在增進學生對東南亞共享歷史的理解，並教導下一代保護文
化遺產。[4]這些研究與計畫說明東南亞的共享文化其來有自，
是東南亞各族群長久分合、交融與薈萃的結果，在歷史、族群
與宗教的長期交融下，形成了今日許多的共享文化，這些相似
乃至相同的文化自古運行於各地，相容並存，如潑水節、羅摩
劇和那伽文化等，都是共享文化的一環。

那伽文化主要分布於北東南亞，特別流行於泰國東北和寮
國北部。伊森和寮北共享那伽文化的證據不少，可從語言、信
仰、傳說和美術四部分得到印證：

第一，語言上，「那伽」的古稱不管是寮語的ງ or寮語的ເນງກ還是
泰語的ພນາຄ，都是鬼或精靈之意，兩者的字音和字
義完全相同。

第二，信仰上，有部分泰、寮學者主張那伽在成為佛教守
護神之前，東南亞可能已經有巨蛇崇拜。[5]這方面的
論證來自於東南亞本土派學者，其以民間故事或古
文物為證據，強調那伽是東南亞本有的民間信仰，
早在印度文化進入前就已存在，並非全然受印度文
化的影響。如泰國學者汪迪斯以泰國烏通他尼府的

<hr>

[4] 〈東南亞共享歷史計劃〉(Shared Histories of Southeast Asia), https://sharedhistories.asia/, July 2,2023.

[5] Ngaosrivathana and Ngaosrivathana, *The Enduring Sacred Landscape of the NAGA*, p.1; Sujit Wongthes, *Naga in History of Southeast Asia* (Bangkok: Mati Cho, 2003), pp.5-6.

班清遺址（Ban Chiang）和北碧府的班考遺址（Ban
Kao）的陶鍋古物為例，說明陶鍋上的盤旋千蛇紋
（รูปงูพัน）就是巨蛇崇拜的證據，因此汪迪斯推論
東南亞於史前時代可能就存在巨蛇崇拜，之後婆羅
門教與佛教傳入，本土的巨蛇崇拜才與之結合，形
成了新的那伽信仰。[6]

第三，傳說上，兩地居民都相信那伽能護佛、護地、護
水，以及護佑人民生活安康。

第四，美術上，那伽是伊森和寮北的重要神獸，顯見於
泰、寮的佛寺裝飾。

由此可知，伊森和寮北共享那伽文化，那伽深嵌於湄公河
流域人民的日常之中，是人們信仰與生活美學的一部分。

泰東北和寮國之所以共享那伽文化，有其人文與地理的背
景因素，先談人文因素，兩地有民族、歷史和語言的淵源：

首先就民族而言，兩者的主體民族都是佬族，寮北是佬
族，[7]而伊森80%的人口也是佬族。[8]伊森佬族數百年前由寮
北陸續遷入泰東北，[9]致使兩地的佬族具有血緣關係，這從

[6]　Wongthes, *Naga in History of Southeast Asia*, p.1.

[7]　Lao Front for National Construction, *The Ethnic Groups in Lao P.D.R.*,
　　 sponsored by Institutional Development Fund (IDF), World Bank
　　 (Vientiane: Department of Ethnic Affairs, 2008), pp. c-d.

[8]　Mccargo and Hongladarom,"Contesting Isan-ness: Discourses of
　　 Politics and Identity in Northeast Thailand," p.219.

[9]　Phya Anuman Rajadhon, *Essays on Thai Folklore* (Bangkok: Thai Inter-
　　 Religious Commission for Development & Sathirakoses, 1988), p.38;

人種學可獲得證實：新近研究指出伊森人口的粒線體DNA
（mtDNA）和寮國佬族的基因呈現相似，[10]此結果說明伊森人
的近代祖源來自於寮國佬族。儘管伊森幾經世代混血，其遺傳
基因已出現多樣性和分化現象，但就族群關係而言，伊森和寮
國的佬族仍可劃歸一類，彼此互有淵源。

其次，就歷史而言，伊森跟寮北曾屬同一政治領域，都
是古代瀾滄王國的一部分，並於19世紀初共同成為暹羅的屬
地。[11]這種情況持續到1893年，法暹戰爭爆發後，由於暹羅王
室被迫簽訂《法暹條約》，才將原屬暹羅領地的湄公河東岸地
區的領土保護權，讓渡給法國，而湄公河西岸則維持原狀，繼
續由暹羅統治。1904到1905年間，暹羅又分別與法國簽訂割讓
協定，將琅勃拉邦、占巴塞、巴色等地劃歸為法國統治權；之
後1907年，法、暹續簽協議，暹羅正式放棄湄公河東岸領土，
遂形成今日的泰、寮版圖。[12]《法暹條約》的簽訂使湄公河正
式成為國界，讓本屬同一政治領域的伊森和寮北分屬兩國，也
讓湄公河兩岸原為一家親的佬族一分為二，成為了跨境族群。

最後，就語言而言，伊森方言和寮語本屬同源，儘管寮國

Keyes, *Isan: Regionalism in Northeastern Thailand*, p.8.

[10] Wibhu Kutanan et al., "Mitochondrial DNA-HVR1 Variation Reveals
Genetic Heterogeneity in Thai-Isan Peoples from the Lower Region of
Northeastern Thailand," *Advances in Anthropology* 4.1 (2014), p. 11.

[11] 蕭文軒、顧長永，〈泰國的國家整合與伊森地域認同的探析〉。

[12] 參中央研究院亞太區域研究專題中心，〈東南亞政經大事記（1900-2000）：
寮國〉，頁156，Tarling (ed.), *The Cambridge History of Southeast Asia
II*, pp. 51-52.

經過語言改革，受到法國、越南和馬列主義的影響，已和伊森方言形成差異，但兩者的形、音、義至今仍然相近，彼此可以通用。故此，伊森和寮北現在雖屬不同的國別，但百年前本為一家，互有民族、歷史和語言上的淵源，因此造就了兩區域相似，乃至相同的共享文化，包括那伽文化在內。

再來談地理因素的關係，湄公河緊緊串連起伊森和寮北，兩地居民深信那伽就住在湄公河底，因此湄公河流域流傳著許多那伽的神跡與故事，如永珍居民相信那伽是法力高強的精靈，所以常以祭品供奉於湄公河畔，用來祈求平安；又如泰國洞阮河（Dom Noi River）為湄公河支流，附近居民在釣魚前，習慣性的會祭拜那伽，請求那伽允許捕捉漁獲，類似的傳說或習俗在湄公

圖2-1　那伽節慶祭祀供品
圖片來源：泰國農開府 Wat Thai，
　　　　　2017，張雅梁攝。

河流域時有所聞，久而久之就形成了那伽崇拜。一般而言，湄公河沿岸若舉行與那伽有關的節慶或宗教祭儀時，兩岸的居民都會參與祭祀，祈求那伽保佑國泰民安（圖2-1）。上述的人文和地理因素不僅使伊森與寮北共享那伽文化，也讓該區域成為那伽文化的中心。

二、那伽的起源

關於東南亞那伽的由來，主要有兩派說法，一派主張來自印度，認為那伽源自印度神話，是印度化的文化展現；另一派主張來自本土，強調那伽是由東南亞本有的巨蛇崇拜所演變而來，是一種類似宗教綜攝（religious syncretism）的文化現象，早在印度文化進入前就已存在，並非全然受印度文化的影響。[13]支持印度說的學者如潘達（Sasanka Sekhar Panda）、江賽（Sumet Jumsai）、勞曼納頡靈（Siripot Laomanajarern）和安喬斯裡維塔納等人（Mayoury Ngaosrivathana and Pheuiphanh Ngaosrivathana），各自以文學、藝術、神話和宗教等面向說明那伽與印度文化間的關聯。[14]其中，潘達以《往世書》

---

[13] 宗教綜攝意指兩種（或以上）大致相似，但卻不同的宗教觀念或體系的融合過程，「綜攝」是一種適應或再解釋的方式,通常是指在無意識、無組織的情況下，接受外來成分並將其融合於自己原有的宗教之中。

[14] 參Sasanka Sekhar Panda, "Nagas in the Sculptural Decorations of Early West Orissan Temples," *Ohrj* XlvII 1 (2004); Sumet Jumsai, *NAGA: Cultural Origins in Siam and the West Pacific* (Bangkok: Chalermnit Press, 1997);

（Puranas）、《摩訶婆羅多》（Mahabharata）等印度古籍和印度古廟的那伽雕塑為例，說明那伽在印度文化中具有多種造像，包括蛇形、半人半蛇與人形等。從潘達的研究得知，印度那伽的基本形象大致有以下幾個特點：住在地下的巨蛇、有個別名稱、掌管水域、頭上經常鑲有珠寶、那伽的頭數呈現1、3、5、7、9頭，頭罩呈飯匙狀，以及那伽是美麗的守護精靈等。[15]細究這些印度那伽的造形特色和和泰、寮的那伽形象極為相似，例如「守護水域、奇數頭、身懷寶石和巨蛇舒展頭罩」等等幾項特點，都是祂們之間相同的形象元素，但由於印度那伽出現的時間早於泰國和寮國，所以這派學者認為泰、寮的那伽，乃至東南亞的那伽都是源自印度神話而來。

　　反觀本土派論述，是以東南亞當地的巨蛇崇拜為主要論證，認為巨蛇崇拜可能早在婆羅門教和佛教傳入前就已存在，支持本土說的學者如泰國學者汪迪斯，他認為早從史前時代開始，東南亞上已存在巨蛇崇拜，證據之一就是泰東北班清遺址所出土的陶鍋古物，認為陶鍋上的千蛇紋表徵了巨蛇崇拜。另外，嚴智宏的泰國佛像研究也提及龍王護佛像（或稱那伽王護佛像）之所以會流行於泰地古國墮羅鉢底（Dvaravati, A.D. 6th-

---

Siripot Laomanajarern, "Naga: A Symbol Study Related the Indian Model," *Journal of Damrong* 2.4 (2003), pp.148-158; Ngaosrivathana and Ngaosrivathana, *The Enduring Sacred Landscape of the NAGA*.

[15] Panda, "Nagas in the Sculptural Decorations of Early West Orissan Temples," pp.16-17.

圖2-2　佛陀與四大天王
　　　圖片來源：泰國訶叻府Wat Sa La Loi，2016，張雅梁攝。

11th），可能與當時的龍、蛇信仰有關。[16]這些來自於古物圖
紋與造形的證據，為本土說提供了不同於印度說的論點。

　　由此可知，東南亞那伽的由來不只一種說法，並非全盤來自
印度文化，印度說和本土說各有立論，因為文化是一種融合的過
程。泰國和寮國的那伽原型的確受印度影響，但巨蛇崇拜長期存
在於東南亞也是事實，所以較為客觀的說法是：東南亞的巨蛇崇
拜經南傳佛教收編後，其神格由水精靈轉變為佛教守護神，目前
佛教四大天王之一的廣目天王，[17]據說就是那伽的首領（圖2-2）。

[16] 嚴智宏，〈南傳佛教在東南亞的先驅：泰國墮羅缽底時期的雕塑〉，《台灣
　　東南亞學刊》第2卷，第1期（2005年4月），頁17-18。
[17] 那伽在《南傳大藏經》中的形象原本是蛇，並區分為毘樓羅阿叉蛇王族、伊
　　羅漫蛇王族、舍婆子蛇王族和瞿曇冥蛇王族等四大家族，其中毘樓羅阿叉蛇

三、湄公河之王

　　那伽的形象與其宗教角色密切相關，泰國在素可泰王國獨尊南傳佛教前，泛靈論、婆羅門教、印度教和大乘佛教都曾在此傳布，形成宗教綜攝的現象。[18]其中泛靈論可能是最早的信仰型態，這也是很多泰、寮先民的信仰，相信萬事萬物都有魂或精靈存在其中，[19]認為對其要取悅、供奉，祂們才會護佑地區繁榮，[20]至今這仍是泰國及寮國社會的文化特色之一。南傳佛教後來成為泰、寮兩國的主流信仰，但在傳教的過程中，南傳佛教吸納泛靈論，將某些民間信仰的精靈收編進佛教，使其成為天神或守護神並統整於三界（Three Worlds）內，這些守護靈各有不同執掌與狀態，在三界中形成位階秩序，穩固泰國和寮國宗教裡「魂」（ขวัญ／ຂວັນ）、「鬼」（ผี／ຜີ）、「守護神」（ทวารบาล／ທວາຣບາລ）、「天神」（เทพเจ้า／ເທພເຈົ້າ

王就是佛教四大天王的「廣目天王」。參《小品‧犍度》，收於《漢譯南傳大藏經》（元亨寺版）N0002，卷15，收於中華電子佛典協會，《CBETA佛典協會集成》（臺北：中華電子佛典協會，2014）。

[18] 參宋立道，《從印度佛教到泰國佛教》（臺北：東大出版，2002），頁115-116; Keyes, *The Golden Peninsula: Culture and Adaptation in Mainland Southeast Asia*, pp.68-74.

[19] 泰寮人民相信事物的本質中有魂，不管它有無生命，只要對人類有用的都有魂，如樹魂、屋魂和城魂等。魂是維持生命必備的物質，而無生命的物質之所以有魂，是因為有特別的精靈存在其中。

[20] Phya Anuman Rajadhon, "The Khwan and Its Ceremonies," *Journal of the Siam Society* 50.2 (1962), pp. 119-120.

或เทวดา／cທอะดา）和「佛」（พระพุทธเจ้า／ພຣະພຸດທະເຈົ້າ）等
層次分明的結構秩序。

　　相關的例子不少，如寮國的布約雅約（ປູ່ເຍີຍ່າງເຍີ, Pu Nyeu
Ya Nyeu）和泰、寮的那伽原本都屬於民間信仰，是傳說中的
祖靈與水精靈，但經過佛教收編後，雙雙成為了南傳佛教的保
護神。據說布約雅約是寮國琅勃拉邦第一對祖靈夫婦，遠古以
前，祂們犧牲自己性命拯救了琅勃拉邦的子孫，所以琅勃拉
邦人便尊稱這對老夫婦為偉大的救世主。[21]在琅勃拉邦居民的
心中，布約雅約祖靈具有特殊力量，是在地的保護神，護佛護
民，所以每年潑水節時，按習俗必須要祭拜與迎請布約雅約參
與盛會，藉以安魂祈福。[22]

　　相同地，那伽護佑水域的信仰從吳哥帝國時期或更早之前
就存在著，巍峨矗立於柬埔寨洞里薩湖旁的吳哥神廟建築群
（A.D. 9th-14th）就是最好的例證。吳哥古蹟於1992年被聯合
國列為世界文化遺產，其建築結構體現了古代高棉的宇宙觀與
神王崇拜（God-king Cult），[23]該建築的規律之一就是使用了

---

[21] Hans Georg Berger and Somsanouk Mixay, *Thank You for Looking: A Book for Students in Laos* (Berlin, Germany: Cultural Department of the Ministry of Foreign Affairs of the Federal Republic of Germany, 2000), 2nd ed., p. 8.

[22] Ya-Liang Chang, "The Body, Merit-Making and Ancestor Worship: Mask Festivals in Thailand and Laos," *Thammasat Review* 21.2 (2018), pp. 222-224.

[23] 意指「神」、「王」合一，視國王為宇宙之王，透過神授君權的儀式或信念，使國王變成神的化身。

那伽元素，由於那伽掌水、掌土和掌財，長久以來一直是湄公河流域的主要守護神，因此吳哥神廟群採用那伽造像鎮水及護衛，以求遠離水患、乾旱與邪魔侵擾。不只吳哥帝國信奉那伽，自古以來，湄公河流域的越、柬、泰、寮等國的先民都深信那伽是湄公河之王，能保佑水源豐沛，幫助在地居民豐收漁獲；後來值遇佛教，泰寮民間信仰的那伽精靈才轉變成為龍天護法。

　　「湄公河沒有那伽，就好比人類沒有力量。」這是克倫蘭潘（Malinee Klangprapan）的比喻，[24]清楚點出那伽和湄公河的密切關係，克倫蘭潘認為那伽扮演了湄公河和該流域居民之間的重要連結，湄公河的那伽可說是一種展現「權力」的文化，這個權力使湄公河流域的居民相信，那伽會保佑在地子民，相對的，透過權力，那伽也深入當地居民的日常生活中。例如泰、寮占星師在潑水節時會依占星術計算那伽出現的數目，用以預測該年的降雨量，包括年初、年中和年尾會有多少降雨，都在預測的範圍內。

　　以泰國占星術為例，它來自泰族和佬族（ไท-ลาว, Tai-Lao）的傳統信仰，並結合了印度與中國的占星知識，融合成一套泰國特有的占星模式，這套占星術已於2013年列入泰國國家級非物質文化資產名錄。《占星術教材》（ตำรา พรหมชาติ, Phrommachat）是泰國占星師所使用的書籍，這是從大城王

---

[24] Malinee Klangprapan, "Mekong River without the Naga: People without Power," *The Journal of Lao Studies* 5.1 (2014), p. 92.

國所流傳下來的占卜知識，於拉瑪四世國王（King Rama IV,
1851-1868）時期被編印成書，沿用至今。[25]

　　泰國占星術是一種根據個人出生年進行占卜的方法，也會
依據黃道十二宮的生肖年份，以那伽的數目預測年雨量，這些
預測都載於《占星術教材》中，方便讀者查閱。一般而言，鼠
年通常會出現三尊那伽，這個數量表徵年雨量適中，利於農
作。[26]以2024年龍年為例，同樣也會出現三尊那伽，但雨量分
布的月份與地區和鼠年不同，龍年較適合收成晚稻，同時需留
意十月過後可能會出現無雨的狀況。[27]《占星術教材》按此模
式推測鼠年到豬年的年雨量，當預測的那伽數目越大時，則表
示該年的降雨量越多，提醒人們需提早預防自然災害。

　　另外，還有一種不同於《占星術教材》的推算公式，也同
樣以那伽出現的數量來預測年雨量，算式如下：[28]

　　1. 將佛曆年除以7，得餘數A。

　　2. 將餘數A乘以5，得數字B。

---

[25] The Department of Cultural Promotion, *The Thai Intangible Cultural Heritage List 2013* (Bangkok: The Department of Cultural Promotion, 2013) http://book.culture.go.th/newbook/ich/ich2013.pdf, January 17, 2024, pp. 82-85.

[26] Kongkaew Weeraprachak, "Songkran Festival," in *Thai Youth Encyclopedia*, Vol.35, No.2. (Bangkok: Thai Youth Encyclopedia Project by His Majesty the King, 2012), pp. 58-59.

[27] The Department of Cultural Promotion, *Songkran Tradition* (Bangkok: The Department of Cultural Promotion, 2021) http://qrcode.culture.go.th/pdfbook/songkran.pdf, January 20, 2024, pp. 48-49.

[28] The Department of Cultural Promotion, *Songkran Tradition*, p. 50.

3. 將數字B加上3，得數字C。

4. 將數字C除以7，得餘數D。

計算所得的數字D即代表那伽出現的數目，可依此預測雨量。以西元2024年為例，換算成佛曆則是2567年（2024＋543＝2567），依上述公式可推算那伽數量：

1. 2567除以7，得餘數5。

2. 將餘數5乘以5，得數字25。

3. 將數字25加上3，得數字28。

4. 將數字28除以7，得餘數0（視同餘7）。

由此預測2024年將有七尊那伽負責供給年雨量，其與前述黃道十二宮的預測方式不同。

除了上述兩種方式外，泰、寮民間還流傳其它的估算方式，雖然計算方法有別，但都是以「那伽數目」做為降雨的標準。

湄公河的那伽傳說相當多，人們相信那伽除能降雨、治水外，還會幫助古代國王選擇吉地與建邦開城，主要是因為那伽的身體能夠耙鬆土壤，幫助人們挖掘河流與池塘，所以有那伽在的地方就是良邦福地。[29]由於那伽掌水掌土，而水和土地都是泰、寮人民極其重要的的生命泉源與財產，因此湄公河流域的居民自古以來都崇敬那伽，尊其為水王與地王，敬稱那伽為

[29] Ngaosrivathana and Ngaosrivathana, *The Enduring Sacred Landscape of the NAGA*, p. 2, 5.

湄公河之王，相信那伽是該地域最重要的守護神。[30]

四、那伽的重要性

那伽的重要性來自泰、寮人民的神獸觀，其與動物崇拜、佛教文學和那伽圖騰三方面有關。

（一）動物崇拜

動物崇拜是東南亞古文明的特色，汪迪斯下述這段話有助理解東南亞先民對動物崇拜的觀點：

> 東南亞先民信奉鬼神，也就是泛靈論信仰，包括信仰神聖動物在內，特別是兩棲動物，例如青蛙、蟾蜍、蛇、鱷魚和蜥蜴等，古人相信這些動物具喚雨能力，可能是因為每次發現這些動物時，都適逢下雨，所以人們相信這些動物能帶來豐沛的水源。於是，動物形象常就被裝飾於壁畫或青銅器上，像銅鼓鼓面上所裝飾的青蛙雕塑，就有祈雨的功能。[31]

---

[30] Richard B. Davis, *Muang Metaphysics* (Bangkok: Pandora, 1984), p.114; Prakong Nimmanahaeminda, "Water Lore: Thai-Tai Folk Beliefs and Literature," *MANUSYA: Journal of Humanities* 9 (2005), p.29.

[31] Wongthes, "The Shared Culture in ASEAN (Southeast Asia)," p.2.

　　汪迪斯之言道出東南亞國家普遍鍾情兩棲動物的風俗習慣，如印尼古銅鼓上的青蛙雕塑即為例證之一（圖2-3）。對親水的泰、寮人民而言，兩棲動物可保持水源、征服惡獸與驅魔，[32]所以當地居民長期將兩棲動物神格化、造像，並安置於佛寺入口或周邊，以達宗教與裝飾的目的（圖2-4，2-5，2-6）。

圖2-3　銅鼓與青蛙雕塑
　　　　圖片來源：史前金屬時期，青銅，雅加達國家博物館藏，2018，張雅梁攝。

---

[32] Tik Sanboon, "Identity in the Decorations of Local Religious Constructions of the Isaan Region of Thailand and Lao PDR," *Academic Journal (Built Environment Inquiry Journal), Khon Kaen University* 9.1 (2010), p. 49.

圖2-4　佛寺的鱷魚階梯

　　　圖片來源：泰國烏汶府 Wat Jang，2016，張雅梁攝。

圖2-5　兩棲神獸守護神

　　　圖片來源：寮國琅勃拉邦 Vat Sensoukharam，2018，張雅梁攝。

圖2-6　那伽和鱷魚護衛佛寺
圖片來源：泰國烏汶府 Wat Thung
　　　　Si Mueang，2016，張雅梁攝。

（二）佛教文學

泰、寮的神獸觀自古與佛教連結，如嚴智宏研究墮羅鉢底雕像時，述及在眾多古佛像中，就存有「佛陀與奇獸」的主題作品，[33]可見這種神獸護佛的主題由來已久。

之後，神獸的造像延伸成佛寺建築的裝飾，根據泰國學者尼雷（Somjai Nimlek）的研究指出，泰國建築的詞彙與動物或神獸的名稱有密切關連。[34]他曾將兩者的名稱進行比對，發現可歸納出32類的動物詞彙，[35]這些建築詞彙不一定都跟動物或神獸有實質關連，部分可能只是取形借意；例如 คนฑ 是屋頂建築的一部

---

[33] 嚴智宏，〈南傳佛教在東南亞的先驅：泰國墮羅鉢底時期的雕塑〉，頁19-20。

[34] Somjai Nimlek, *Animals in Architectures of Thailand* (Bangkok: Matichon Press, 2014).

[35] 32類動物詞彙分別是：青蛙、水牛、鱉、鳥（中小型）、烏鴉、雞、金翅鳥、水牛（同義異字）、蝙蝠、公牛、鱷魚、象、蜈蚣、鱷魚（同義異字）、螳螂、龜、水鹿、鳥、那伽、魚、水蛭、鴨、蝴蝶、蜜蜂、貓、獅子、天鵝、鼠、狗、豬、鷹、那伽與龍的混合神獸。

圖2-7　喜馬潘森林神獸
　　　　圖片來源：泰國那空帕農府 Wat Phra In Plaeng，2016，張雅梁攝。

分，通常位於屋頂的前端，通常用來支撐屋頂的螺栓與其他部位，其名稱雖與青蛙（กบ）有關，但只是取用青蛙的大嘴形來比喻，實際上和青蛙是無關的。但光從這許多命名，就足以說明在泰人認知中，動物與神獸確實與佛寺建築關係密切。

　　既然神獸對佛寺重要，那神獸的概念又從何而來呢？答案正是佛教文學。泰國神獸信仰源起印度，[36]在佛教的宇宙觀裡，須彌山為世界中心，泰國人相信須彌山下有一座喜馬潘森林（ป่าหิมพานต์），內有近百種神獸，具神祕力量，如人頭獅身、象頭魚身等等（圖2-7），泰國神獸的原型多數來自於此。[37]由於這些神獸具有神祕力量，所以人們喜歡在佛寺內外安置或彩繪神獸形象，用以護佛衛民。

　　泰、寮人民對喜馬潘神獸的想像，長年以來經由佛寺壁畫、建築、民間故事與喪葬習俗流傳於各地，因此，神獸在泰、寮佛寺中顯得重要，人們相信這些記載於佛教文學中的神獸，具備多元功能，其能護佛，護民與驅魔，還能美化佛寺建築。

---

[36] Sombat Phlainoi, *Animals of Himmapan* (Bangkok: Phimkham, 2009), 4th ed., p. 10.

[37] 張雅梁，〈泰國的神獸與文化〉，《傳藝》第146期（2023年9月），頁74。

（三）那伽圖騰

　　那伽圖騰（totem）與泰國和寮國的佬族有關，寮國歷史學家維瑞萬（Maha Sila Viravong）述及寮國佬族名稱的由來有四種說法：他稱、葫蘆說、九隆傳說和高地民族族稱的誤寫。[38]其中「九隆傳說」講述的就是那伽成為佬族祖先的故事，據《後漢書》記載，中國西南地區有古民族「哀牢」，傳說有名哀牢女子叫沙壹，育有九子。在生第九個兒子之前，有一天，她前往湄公河釣魚，就在釣魚的過程中，河面的漂浮木頭撞到了她的腿，沙壹因此受孕。後來小兒子長大，沙壹帶他去湄公河釣魚，此時河面突然顯現一尊那伽，質問沙壹說：「我兒子在哪裡？」沙壹驚慌之餘喊出「九隆」這個名稱，隨後那伽看見小兒子，便舔了第九個兒子的後背。九隆後來成為哀牢人的領袖。[39]之後。「哀牢」一詞被用來指稱佬族，而「九隆」也被視為寮國人的遠祖，直至今日，仍有部分佬族自認是那伽後裔，視那伽為「圖騰」，相信那伽會眷顧後代子民。

　　那伽圖騰如今已成為佬族生活的一部分，不少佬族人將那伽圖像裝飾於日常用品上，如琅勃拉邦居民的服飾或供僧木缽

---

[38] Maha Sila Viravong, the U.S. Joint Publications Research Service translated, *History of Laos* (New York: Paragon Book Reprint, 1964), pp. 6-7.

[39] （宋）范曄，〈哀牢・南蠻西南夷列傳第七十六〉，《後漢書》第十冊（北京：中華書局，1965），頁2849。

等（圖2-8），人們相信那伽圖騰會保佑平安。上述動物崇
拜、佛教文學和那伽圖騰等三大因素形塑出泰、寮人民的神獸
觀，這些因素都與那伽有關，也造就那伽的重要性。

圖2-8　那伽木缽
　　　　圖片來源：寮國琅勃拉邦夜市，2018，張雅梁攝。

五、在地智慧與區域現象

　　在地智慧是一種概念、生活態度和社會價值，具文化繼
　　承性；舉凡想法、信仰、知識和生活方式等，都屬於在
　　地智慧。[40]

---

[40] 參Thai Youth Encyclopedia Project, "Local Wisdom in Thailand,"
in *Thai Youth Encyclopedia*, Vol.23, No.1 (Bangkok: Thai Youth
Encyclopedia Project by His Majesty the King, 2012), p.1; Tuenjai
Deetes, *Proceedings of Local Wisdom and Culture of Thailand*
(Bangkok: Office of the National Culture Commission, 2003), pp. 36-47.

　　泰國的《促進與保護無形文化資產法》（The Promotion and Preservation of Intangible Cultural Heritage Act B.E. 2559，簡稱非遺法）和寮國的《國家遺產法》（Law on National Heritage of Lao PDR）都強調在地智慧的重要性，泰、寮的在地智慧是指在地知識，著重本土性，具文化繼承性，它是泰、寮兩國非遺立法的重要基礎。

　　約從千禧年後，泰國學界開始討論「在地智慧」議題，認為在地智慧是先民生活經驗的傳承。「泰國社會與民族的內蘊，有其堅實的在地智慧作為基石。」[41]這兩句話清楚點出泰國人對其在地智慧的簇擁之情，他們以擁有、實踐在地智慧為傲。迪特斯（Tuenjai Deetes）為宣導在地智慧的先驅，他曾以佛教儀式、地方節慶、城鄉發展和環境保護為例，闡述當時泰國社會中所流失的在地智慧，並語重心長地強調在地智慧對泰國社會的重要性。迪特斯之所以體認到在地文化的重要性，主要是來自於他對資本主義和全球化的反動，他認為要為在地文化找出路，最好的方法就是努力照顧祖先所遺留下來的知識。[42]

　　迪特斯之後，在地智慧的議題在泰國陸續受到討論，2015年，泰國當時的文化部長羅波加那拉（Veera Rojpojanarat）直言道出：「泰國無形文化資產來自在地智慧，它是經由各社區

---

[41] Thai Youth Encyclopedia Project, "Local Wisdom in Thailand," p. 1.
[42] Deetes, *Proceedings of Local Wisdom and Culture of Thailand*, p. n.

人民的文化、信仰、生活方式和規則所不斷累積而成的。」[43]
官方的肯定帶動越來越多人正視本土文化的重要性，而泰國非
遺法的精神就是在保護與促進在地智慧，這對寮國而言也是一
樣，所以寮國在《國家遺產法》中也同樣加強國人重視在地
智慧。寮國為了發展本土文化，近年和泰國國際發展合作署
（Thailand International Cooperation Agency, TICA）合作，學習
泰國「一鄉一品」（หนึ่งตำบล หนึ่งผลิตภัณฑ์）經濟振興模式，[44]
希望藉此鼓勵各鄉鎮推廣與保護在地智慧，開發地區商品並增
進農民收益。[45]

　　弔詭的是，「在地智慧」和「共享文化」是相互扞格的兩
個概念，因為在地智慧強調在地性，但問題是泰國和寮國的文
化相似，所以泰、寮共享文化下的在地智慧就顯得複雜，不能
純粹只用「在地性」來解釋在地智慧的內涵，而是要從一個更

---

[43] The Department of Cultural Promotion, *The Thai Intangible Cultural Heritage List 2015* (Bangkok: The Department of Cultural Promotion, 2015), http://book.culture.go.th/newbook/ich/ich2015.pdf, January 17, 2024, p. ก.

[44] 泰國一鄉一品政策簡稱OTOP（One Tambon One Product），源起於1982年泰國皇家保護署所成立的「邦賽民俗手工藝品中心」（Bang Sai Royal Folk Arts & Crafts Centre），後續向日本學習「一村一品」（One Village One Product, OVOP）的經濟振興運動，直至2001年才以專案方式在全泰國推行OTOP計畫，推廣國內傳統手工業，政府幫助行銷，增進農民收益。

[45] Thailand International Cooperation Agency (TICA), "OTOP แนวทางการเผยแพร่ 1 ผลิตภัณฑ์ 1 ตำบล สู่สากล," https://tica-thaigov.mfa.go.th/th/index, July 10, 2023.

寬廣的角度來說明在地智慧和共享文化之間的關連性。

　　以那伽文化為例，泰國和寮國雖共享那伽美術，但泰東北和寮北的那伽美術卻因地制宜，呈現同中有異、異中有同的風貌。若將伊森和寮北視為一個大區域，其中泰國農開府和寮國永珍省隔著湄公河對望，這兩座城市不僅互為邊境城市，同時也是泰東北和寮北的重鎮，兩地的那伽美術因位居邊界而呈現出「地方」、「國家」與「跨境」等三重文化意義，極為特殊。

　　而當走出農開和永珍，越往伊森南部與寮國北部移動時，會發現沿途那伽美術的泰式風格和寮式風格竟隨著深入內陸而越趨明顯，這些共享的那伽美術既相似又相異，顯示出伊森和寮北的那伽美術風格有地域上的差別，這個現象說明「共享文化」是值得探討的議題，不是簡單的「在地化」就能解釋清楚，其中還蘊含區域的結構因素。東南亞各國存在許多共享文化，但很少研究是從區域的觀點剖析其中內涵，因此本書的分析除了能解釋泰寮所共享的那伽文化外，也有助於理解東南亞其他的共享文化。

第三章　那伽文學

　　那伽美術與那伽文學息息相關，因此在分析那伽美術前，須先介紹那伽故事，才能理解那伽文學與美術之間的關係。那伽文化在東南亞社會運行的模式就是那伽文學跨域到那伽藝術的過程，那伽經由先民的生活與想像進入文學，並透過文學立體成藝術空間，實踐過程中產生了許多那伽非遺，這個過程所內蘊的文化意義，包涵了宗教、美學、民族與文化政策等面向，換言之，那伽文學不單單只是故事，而是能相對地反映出群眾與環境間的關係，如同泰國學者納他郎（Siraphon Nathalang）所言，民間故事屬於文化現象，其背後所延伸出來的，就是架構它的社會脈絡，[1]而藝術正是凸顯這些文化脈絡的展演結果。

　　這情形好比胡紹宗討論中國的農民畫議題，胡紹宗認為一般人會將中國農民畫的藝術形式一體性地攀附於民間美術之上，卻忘了討論農民畫的時代脈絡。像「大躍進」前後各地的農民畫，具有政治意圖，是因政令宣導而存在的創作模式，那時農民畫的內蘊基本上與民間美術沒有太多關聯，而是政治力

---

[1]　Siraphon Nathalang, ""Creative Folklore": A Review of Its Social Context andRelated Concepts," *Journal of Letters* 42.2 (2013).

量主導了中國早期農民畫的發展，但很多人都忽略了這層文化背景的探討。[2]相同地，關於民間文學與社會脈絡的關連性，劉宗迪的閩西傳說研究，也有類似的結論，劉宗迪認為民間故事是植根於一定的民俗文化背景，而民間故事的產生和演變，總是有一定的歷史文化和風俗制度運作其中。[3]這些來自不同國家或不同主題的研究一再指陳，作品與文化脈絡之間的關係密不可分，無論是民間文學或藝術品，討論作品的同時，必須關注作品背後的文化脈絡，才能使論述趨向完整。

　　泰、寮社會中，那伽的形象和故事形成了當地的文化脈絡，並造就了那伽文學，之後逐漸演變成為那伽美術與藝術。值得注意的是，人們對於那伽的認知大多來自於佛教故事的描述，卻忽略了還有其他的民間敘事文本，這兩類文本對那伽的描寫並不相同。因此，為更全面地理解那伽文化，本章彙整了「佛經故事」和「民間故事」兩類那伽故事於後，透過檢視不同的那伽文學，可以察覺那伽與泰、寮文化的關係，也有助於瞭解那伽美術所要傳達的文化意義。本章以探討泰、寮民間故事為主，因此印度、柬埔寨和中國所記載的那伽故事，如〈攪海的故事〉（Churning of the Ocean of Milk）、[4]《摩訶婆羅

---

[2]　胡紹宗，〈躍進農民畫：鄉村社會建設中的詩性表達〉，《民族藝術》2019年第1期（2019年），頁152。

[3]　劉宗迪，〈故事的背後是歷史──對兩組閩西傳說故事的民俗學研究〉，《民族文學研究》，2000年第4期（2000年），頁83。

[4]　蟻垤　著，季羨林譯，《羅摩衍那：童年篇》（吉林：吉林出版集團，2016），頁285-291。

多》、[5]〈帕拉通和那伽公主〉[6]或《真臘風土記》等，[7]不在討論範圍內。

一、那伽形象

那伽形象有強烈的地方色彩，各地不一，如泰國依照佛經，認為那伽有四大家族，但寮國的琅勃拉邦卻將那伽分成十五個家族，[8]這些那伽支族的分類，除了反映各地那伽的不同形象外，也代表了文學敘事的擴展。前文曾提及薩潘研究，指出泰東北的那伽有五種文化意涵，從毀滅者到修行者，[9]此反差性傳遞出重要訊息，顯示在相同地域裡，那伽指涉了不同的文化意義，說明泰東北的那伽形象不只一種，而形象背後的文化系統也不相同。這好比王松分析《蘭嘎西賀》和《羅摩衍那》的文學內容，認為兩大名著的內容雖然相近，但細究下，

---

[5] 毗耶娑（Vyasa）著，金克木等譯，《摩訶婆羅多：印度古代史詩》（1-6冊）（北京：中國社會科學出版，2005）。

[6] Chanchai Khongphianthum, "The Concept of the Nāga in Cambodian Society," *Journal of Mekong Societies* 11.3 (2015), pp. 115-116.

[7] （元）周達觀，《真臘風土記》，中國哲學書電子化計劃。http://ctext.org/wiki.pl?if=gb&chapter=871233。下載日期：2023年7月10日。

[8] Ya-Liang Chang, "Naga Imagery and the Impact of the Internet on Naga Worship in Thailand," *International Journal of Asia Pacific Studies* 20.1 (2024), p. 49.

[9] Saipan, "Naga Worship" of the Mekong River Basin in Northeastern Thailand: Focusing on the Cultural Experience of Contemporary Rituals, pp. 67-79.

兩者的主題、形式和結構，卻稱不上是同一件事；[10]同理，各地那伽的文化意涵也不太相同，甚至存在著極大的差異，此現象說明泰、寮的那伽不單單只有佛教形象，還有其他形象值得探討，但卻很少人知道佛教之外的那伽內涵。

（一）不同文化的那伽

那伽一詞來自梵文，流布各地後，隨各地語言而產生音變，例如泰、寮地區就有*naga, ngeuak, namngeuak-ngu, namngum*等多種語詞。那伽語詞有音變情形，其在各地的形象也很不同，如中國佛經將「Naga」一詞翻譯為「龍」、「象」或「那伽」，[11]但實際上，那伽與中國文化中的「龍」並不相同，兩者的文化意象差距頗大。

首先，就中國文化而言，龍有許多種類，如:《廣雅疏證》記載:「有鱗曰蛟龍，有翼曰應龍，有角曰虯龍，無角曰螭龍。龍能高能下，能小能巨，能幽能明，能短能長。淵深是藏，敷和其炎。」[12]此外，中國人還將龍結合五行（金木水火

---

[10] 王松，《傣族詩歌發展初探》（昆明：中國民間文藝出版（雲南版），1983），頁206-223。

[11] 相關的例證很多，如經文所述:「又〔菩薩〕亦曾為瞻波龍王雖為捕蛇者所惱，一點亦不起瞋意。」此瞻波龍王即為Campeyya-nāgarāja譯音，nāgarāja就是那伽之王，但中文常翻譯為「龍王」。參〈第九品　梵住之解釋〉，《清淨道論》（第8卷-第13卷），收於《漢譯南傳大藏經》（元亨寺版）N0068，卷35，收于中華電子佛典協會，《CBETA佛典協會集成》（臺北：中華電子佛典協會，2014）。

[12] （三國魏）張揖撰，（清）王念孫疏證，《廣雅疏證》卷第十下，收於中

土），這些龍形的種類與五行顏色，使中國的龍形象有許多變化。龍是中國古老的圖騰，李時珍在《本草綱目》中引用王符的說法，描述龍形是「頭似駝，角似鹿，眼似兔，耳似牛，項似蛇，腹似蜃，鱗似鯉，爪似鷹，掌似虎。」是兼具各種動物所長之神物。[13]中國人自古視龍為神聖與古代皇權的象徵，幾千年的文化涵養造就中國特有的「龍文化」，龍可說是中國文化的凝聚與體現。

　　相較而言，那伽的文化脈絡和龍截然不同，這些文化因素也造成兩者文化意象的差異。東南亞的那伽主要體現於宗教上，由於那伽是護佛（或印度神）神獸，只是配角，所以人們對祂的記載多是形容那伽是大蛇、善於保護神佛，或是佛教行者（預備剃度者）的代稱等，[14]而這與中國龍居於文化核心地位的情況不一樣，所以祂們所發展出來的文學、形象與意義也都各不相同。

　　儘管如此，各地的人們還是習慣用自己熟悉的文化去想像那伽，如戴維斯（Richard B. Davis）的調查指出，那伽在不同族群中有不同的形象，像印度阿洪姆人（Ahom）的水那伽，

國哲學書電子化計劃，https://ctext.org/library.pl?if=gb&file=13533&page=52，頁26。下載日期：2024年3月3日。

[13]　（元）李時珍，《本草綱目》卷四三〈鱗之一〉，收錄於《影印欽定四庫全書》子部五醫家類，收於中國哲學書電子化計劃，https://ctext.org/library.pl?if=gb&file=52862&page=11，頁1。下載日期：2024年3月3日。

[14]　Office of Literature and History (ed.), *Documents of the Academic Seminar on "Naga" in Thai Culture* (Bangkok: Fine Arts Department, 2022) https://www.finearts.go.th/storage/contents/2022/05/detail_file/pisV5SjtaQSri6MvZGWJcMfc7kkM0fxqST4YO318.pdf, March 2,2024, p. 1.

在緬甸撣人（Shan）人眼中變成了鱷魚，東南亞白泰人（White Tai）視為水蛇，中國大陸的擺夷（今日傣族）尊其為龍，而在暹羅泰人（Siamese）的認知裡則是巨蛇，[15]由此可知，那伽信仰雖廣布於多民族，但各地對那伽的名稱與想像都不太一樣。

（二）那伽與馬卡拉

那伽的多元形象中，其與馬卡拉（Makara）、龍和蛇的關係特為糾葛，難有清楚的區分標準。先談馬卡拉，祂與那伽的關聯主要源自於印度史詩，傳說那伽曾大戰馬卡拉，那伽戰勝後，隨即吐出一個頭顱，並將自己的身體變成了一個類似馬卡拉的形狀；另有其它版本則描述馬卡拉在對戰過程中吞下那伽的身體，但最終無法抵擋那伽的神力，又從嘴中吐出那伽的頭，因此「馬卡拉吐出那伽」便成為這則神話的形象。馬卡拉和那伽在印度藝術和文化中被廣泛描繪與崇拜，祂們象徵著保護和神奇的力量。

在印度傳說的在喜馬潘森林中，馬卡拉是一種水中神獸，外觀介於鱷魚和蛇之間，身形特徵是有角、膝蓋和腳，[16]基於和那伽大戰的傳說，所以東南亞那伽的古形制之一就是馬卡拉吐出那伽的造形（圖3-1）。這個形象在泰國有許多名稱與解釋，有人認為這代表了馬卡拉和那伽兩種神獸，表達馬卡拉吐出那伽的神話（มกรคายนาค）；也有人認為這就是一種神獸，

---

[15] Davis, *Muang Metaphysics*, p. 212.
[16] Phlainoi, *Animals of Himmapan*, pp. 221-222.

圖3-1　馬卡拉吐出那伽造像（雙神獸）
　　　　圖片來源：泰國清邁府素貼山，2015，張雅梁攝。

只不過祂混合了馬卡拉和那伽的特徵。[17]

　　比較特別的是泰北地區，馬卡拉吐出那伽的形象在泰北有多種解讀。泰北人信仰神獸，居民喜歡用神獸來裝飾佛寺或婚喪節慶的場所，努楚（Chotika Nunchu）在〈馬卡拉吐出那伽：泰國蘭那地的佛教藝術〉[18]一文中提及，[19]泰北人會將馬卡拉、黑拉（เหลา）[20]和蒙（มอม）[21]混用或等同，這種情況在《喜馬潘森林動物》裡也有相關的記載。[22]根據筆者的調查，部分泰北人會將馬卡拉吐出那伽的形象解釋為是「蒙吐出那伽」（มอมคายนาค），[23]足見泰北人對於神獸的定義十分寬鬆。馬卡拉、黑拉和蒙對他們而言，可視為同一類神獸，不精

---

[17] Chotika Nunchu. "Makara-Khai-Nak, Buddhist Art in the Land of Lanna, Thailand," SILPA MAG.COM (Art and Culture Magazine online) https://www.silpa-mag.com/history/article_35141#google_vignette, July 10, 2023.

[18] 「蘭那地」（ดินแดนล้านนา）位於泰北，其主要地形為山脈和山谷，僅有四分之一的盆地區域適合發展聚落，這些盆地是蘭那王國重要的文化發源地，包含了清邁－南奔盆地、南邦盆地、清萊－帕堯盆地、帕府盆地和難盆地。自古至今，蘭那地的主要中心就在清邁。此外，現在的「蘭那」一詞也用於指稱泰北的8個省分，即清邁、南奔、南邦、清萊、帕堯、帕府、難府與湄宏順府。參Digital School Thailand 4.0, "อาณาจักรล้านนา," http://www.digitalschool.club/digitalschool/art/art4_1/lesson2/web3.php, accessed February 24, 2023.

[19] "Makara-Khai-Nak, Buddhist Art in the Land of Lanna, Thailand".

[20] 黑拉是泰國特有神獸，其父為龍，母為那伽，特徵是有角、膝蓋跟腳。

[21] 蒙，狀似鱷魚，有四足，可水陸兩棲，是泰北佛寺門口常見的特有神獸。

[22] Phlainoi, Animals of Himmapan, pp.221-226.

[23] 張雅梁，2015年11月11日，清邁市，訪談人：The Buddhist University, R教授。

確的語言用詞，也反映出蘭那文化的多元性，所以巴利文和各地方言所指稱相同或類似的神獸名詞，在泰北都可以通用。[24] 為使華人讀者容易理解，筆者將「馬卡拉吐出那伽」造形翻譯成「雙神獸」形制，視其為馬卡拉和那伽兩種神獸，這類形制從吳哥時期就已存在，說明馬卡拉和那伽的關係自古就很密切。

泰國史學家賴特（Michael Wright）在泰國雕塑研究中，特別關切那伽造形的議題，他曾以泰國中部納普拉門佛寺（Wat Na Phra Men）的古蹟山牆為例，探討馬卡拉和那伽造形的問題。從賴特分析可知，佛寺建築的「鴟尾」（Hamsas' tail, 泰人稱為ทางหงส์）是歷來山牆造形產生轉變的重點部位，其研究指出，泰國鴟尾的變化「由早期隱現於浪花中，頭朝內、造形恐怖的馬卡拉，轉變成頭身清楚，頭朝外、造形優美的那伽。」[25]但為何那伽會取代馬卡拉？賴特並沒有提出解釋，筆者認為可能有以下兩個原因促使那伽取代馬卡拉，成為新的鴟尾形制：

第一，南傳佛教的影響：

在《南傳大藏經》中，那伽護佛形象是一再出現的重要主題，南傳佛教自素可泰王國後就成為國教，持續至今，為宣揚佛教，以佛教文學取代印度神

---

[24] 張雅梁，〈泰北那伽（Naga）造形研究：以清邁市佛寺為例〉，《藝術評論》第32期（2017b年1月），頁70。

[25] Michael Wright, "Metamorphosis: The Sacred Gable in Siamese and South Indian Architecture," *Journal of the Siam Society* 84.2 (1996), pp. 25-26.

話，將馬卡拉替換成那伽，以彰顯護佛本事，是合
理的解釋。

第二，泰族特性：

泰族特性指的是泰先民的文化特質，泰國先民具有
善吸納與善變的特質，從泰國文字、宗教與藝術發
展上可獲得印證，所以改變外來的山牆造形，將鴟
尾部分改用那伽取代，符合泰人歷來的文化表現，
並藉此區隔印度教或吳哥文化，豎立泰人王國的文
化特色。

基於南傳佛教和泰族特性的因素，泰國山牆造形早期雖受
南印度和寮國古代的影響，但最終營造出自我特色，鴟尾段遂
由頭朝外的那伽取代頭朝內的馬卡拉。

另，賴特所提的鴟尾現象，也同樣出現在清邁古寺新、舊
山牆造形上（圖3-2）。泰國佛寺的拱門習慣在上方加上小山
牆，這種拱門山牆（ซุ้มทรงบันแถลง）多用於裝飾佛寺的門窗，
是神佛的宮殿象徵。[26]以宮殿寺（Wat Prasat）為例，寺內舊拱
門山牆的那伽頭朝內且頭冠微凸，交纏的尾部被形塑成麻花尖
山狀，象徵喜馬潘山，並在山牆的中央加入日、月圖形，再
現宇宙意涵。至於新式的拱門山牆則是那伽頭朝外、頭冠修
長，尾部形狀與山牆中央的圖形，自由多元，不像舊形制單

---

[26] Fine Arts Department, "บรรพแถลง," general knowledge, Fine Arts Department website,https://finearts.go.th/SADOKKOKTHOM/view/41577-%E0%B8%9A%E0%B8%A3%E0%B8%A3%E0%B8%9E%E0%B9%81%E0%B8%96%E0%B8%A5%E0%B8%87, January 24, 2024.

圖3-2 新舊拱門山牆的那伽造形
圖片來源：（上）泰國清邁市 Wat Prasat，（下）清邁市 Wat Mor Kham
Tuang，2015，張雅梁攝。

一固定。

　　從馬卡拉置換成那伽到那伽頭部的轉向，可合理認為這是
泰人對神獸的解讀與印度不同。因為部分泰國人會將馬卡拉與
那伽視為同類，[27]而馬卡拉從素可泰王國時期便使用於佛寺裝

---

[27] 張雅梁，2015年11月11日，清邁市，訪談人：The Buddhist University, R
　　教授。

飾，隨著時間推移漸漸造成馬卡拉和那伽的名稱與形象混用，進而使那伽取代馬卡拉成為鴟尾。這種與時替換的情形是有可能發生的，因為一般人對於神獸的源流或名稱的精準度並不會高度要求，只要形制、意涵在公眾認可的範圍內，就能為大眾接受。從歷來佛寺裝飾中馬卡拉與那伽的演變可以得知，這兩種神獸具有名稱與功用的可替換性。

（三）那伽、龍與蛇

再來是那伽與龍、蛇的關係，常見的問題是用詞的精準度，因各地人民慣用他們熟悉的神獸來想像對方，例如中國徐顯明和紀紅利（Xu and Ji）就是用「龍」的概念來想泰國和緬甸的那伽，他們在〈中國語言和文化中的龍概念〉一文中提及：「在中國，龍是九種動物的組合，但在東南亞的泰、緬文化中，龍是一種狀似蛇，但確有人類心智的一種動物。」[28]其於文中所提的東南亞神獸正是那伽，但內文中並沒有使用「那伽」（Naga）一詞，可見他們是用「龍」的概念來論述泰、緬的那伽。

相對地，泰國人也會用那伽的概念來想像中國的龍，如泰國學者班鑾菲（Sowit Bamrungphak）分析泰國文化中常見的四種神獸：大蛇（พญางูใหญ่）、那伽（พญานาค）、蠻（พญาลวง）和龍（พญามังกร），其研究指出，此四類神獸的形

---

[28] Xianming Xu and Hongli Ji, "The Concepts of Dragon in Chinese Language and Culture," *Chiang Mai University of Social Sciences and Humanities* 2.1 (2008), p. 57.

象分別是大蛇、有頭冠的蛇、有四腳的龍蛇混合體，以及有角有翅的龍。班鑾菲並依各神獸的特性與所處的環境進行分類，歸納出「大蛇存在於地，那伽存在於水，巒存在於氣，而龍存在於火中。」的結論。[29]嚴格來說，班鑾菲的研究觀點不夠全面，只限於泰國，因為光是中國的龍，就有五行形象，並非只有火龍，可見班鑾菲對中國的龍文化並不理解。話雖如此，但班鑾菲在文中提到了那伽和龍、蛇在不同區域中的演變關係，相當耐人尋味，其述及：

> 在古印度的信仰裡，那伽是眼鏡蛇；在高棉人的信仰裡，那伽是眼鏡蛇王；但在湄公河居民的信仰裡，那伽是有頭冠的蛇，同時也是護佛神獸和地方保護神。直至今日，泰國中部多視那伽為護佛神獸，可是在中國，那伽卻被稱為龍。[30]

班鑾菲這段話突顯出兩個重點：

第一，那伽、龍和蛇在各地的形象不一，且經常出現混用的現象，因此，如何解釋那伽的形象，在地解讀才是關鍵。

[29] Sowit Bamrungphak, "Legendary Serpents and Buddhist Existence: Phya Ngu-Yai,Phya Nag, Phya Luang, Phya Mang-Kon," *Journal of Buddhist Studies* 21 (2014), pp. 82-84.

[30] Bamrungphak, "Legendary Serpents and Buddhist Existence: Phya Ngu-Yai, Phya Nag, Phya Luang, Phya Mang-Kon," p. 83.

圖3-3 那伽的頭冠特色
圖片來源：泰國清邁市 Wat Chang Taem，2015，張雅梁攝。

第二，那伽形象原本是蛇，但在湄公河區域中，卻發展出
「頭冠」（หงอน），至今，頭冠仍是泰、寮兩國那
伽造形的重要特徵（圖3-3）。儘管班鑾菲並沒有
為那伽形象的轉變提出解釋，但這項命題確實是
那伽美學的重要議題，之後的章節會再討論這個

問題。

　　長期以來，那伽的形象一直糾葛於馬卡拉、龍和蛇之間，隨著所處地域的改變，其宗教意涵與形象也隨之不同。那伽形象產生變遷的主因在於各地有不同的詮釋，逕自加入宗教、民族和文化等在地因素，形成那伽解釋上的差異。這也是為何很難界定那伽、馬卡拉、龍和蛇的形象標準的原因，因為這四者有地域上的變異過程，而變異的同時又由於不同的解讀，因地制宜的產生了許多新形象與新定義。

二、佛經故事

　　東南亞的那伽形象主要來自《南傳大藏經》（Tipiṭaka, Pali Canon），其為南傳佛教的重要經集，流傳於緬甸、泰國、寮國和柬埔寨等國，由於內容區分為經、律、論三藏，並用巴利文書寫，故又稱巴利三藏，是早期佛教經典的結集之作。東南亞各國的《南傳大藏經》有不同的語文版本，本書所收錄的故事以泰文版《南傳大藏經》為主，因此在中文翻譯上會與《漢譯南傳大藏經》有所出入，例如泰文版的〈菩利塔本生經〉（ภูริทัตชาดก），就是《漢譯南傳大藏經》中的〈盤達龍本生譚〉，兩者為相同故事，只是中文翻譯有所不同，為符合本書主題，筆者採用泰文版的音譯名稱，而非《漢譯南傳大藏經》中的故事名稱。

　　本章從《南傳大藏經》（泰文版）中揀選4則那伽故事做為

分析文本，同時為求閱讀便利，將《南傳大藏經》的故事編碼
為A類故事，依次按A-1、A-2、A-3……等順序簡介故事內容：

A-1　不求不應該求的[31]

　　古時有兩兄弟歸隱修行，各住一處，弟弟修行之處鄰近水
潭，那伽就住在潭內。那伽非常喜愛修行人，某日，那伽變化
成人形親近弟弟，與之交談，甚為親密，此後那伽就經常來找
弟弟。有一次臨走前，那伽為了表達對弟弟的愛慕，就現出原
形，以蛇身盤繞弟弟，並將頭部鐮首大展，現出保護修行人的
姿態，之後才慢慢地從弟弟身上離開，回到水中住處，弟弟為
此深感驚恐，顏面憔悴。不久後，弟弟前往拜會哥哥，哥哥見
弟弟面容憔悴，問起原由，弟弟便如實稟報遇見那伽之事。哥
哥聽完後就問弟弟：「那伽的身上有何裝飾？」弟弟回答：
「那伽頸部掛著摩尼珠。」[32]於是哥哥告訴弟弟，等下次遇見
那伽時，要弟弟開口向那伽索取摩尼珠。弟弟聽從哥哥之言，
當再見到那伽時，便立刻向那伽求取摩尼珠，這樣連求了三
天，但那伽每次聽聞後都不予回應，且立即轉身離去。當弟弟
最後一次跟那伽索求摩尼珠時，那伽告訴弟弟：「我所有的飲
食需求都來自摩尼珠，因此無法割愛予你，之後，我再也不會

[31] Mahamakut Buddhist University (ed.), *Tripitaka in Thai Translation Version*, Vol.58 (Nakhon Pathom: Mahamakut Buddhist University, 2003a), pp. 22-29.
[32] 佛經形容摩尼珠形大，如同純青琉璃，又稱寶珠、如意珠，有淨水、祛百病功效，並可滿足各種欲望。

來找你了。」從那以後，那伽便不再出現。那伽雖不再出現，但弟弟依舊面容憔悴，哥哥見狀後再度詢問原因，弟弟回答：「因為我再也無法看見美麗的那伽了！」哥哥告訴弟弟：「其實你和那伽是無法分離的。」

A-2　龍本生譚[33]

那伽被金翅鳥追捕，沿著河邊一路遁逃，剛好碰到一位修行人正在河邊解衣沐浴。那伽見狀，立即幻化成摩尼珠，躲入修行人的皮衣中，希望修行人救祂一命。金翅鳥追趕而至，看見那伽躲入皮衣中，意欲抓取，但因為皮衣發出修行威光，所以金翅鳥無法近前捕抓那伽，於是金翅鳥呼喚修行人，想取拿皮衣，捕獲那伽。修行人得知事件始末後，就勸退金翅鳥，拯救了那伽一命。

A-3　菩利塔本生經[34]

佛陀前世曾轉生為那伽，因智慧卓越，被帝釋天王賜名「菩利塔」。有一次菩利塔到忉利天拜訪帝釋天王時，看見帝釋天王堆積如山的財寶，瞭解到這些財富全都是依靠功德而來

---

[33] Mahamakut Buddhist University (ed.), *Tripitaka in Thai Translation Version*, Vol.57 (Nakhon Pathom: Mahamakut Buddhist University, 2003b), pp. 22-27.

[34] Mahamakut Buddhist University (ed.), *Tripitaka in Thai Translation Version*, Vol.64 (Nakhon Pathom: Mahamakut Buddhist University, 2003c), pp. 1-27.

的，因此，祂發願勤修功德，希望能脫離那伽身形，不再用肚子爬行，順利轉生到忉利天。菩利塔發願後，便勤修持戒波羅蜜，寧死也不造惡。菩利塔修行期間，眾多年輕貌美的雌那伽紛紛前來關照祂，為祂獻舞照料；但為了持戒，菩利塔拒絕這些關愛，刻意躲到鹽牟河岸獨自修行。有一天，正當祂專心修行時，一位名叫阿郎拍的捕蛇人出現，施用捕蛇咒語，傷害並捕捉菩利塔。阿郎拍將菩利塔裝在蛇籠內，帶著菩利塔四處表演賺錢，逼迫菩利塔展現神通力，像雜耍般的變幻身形，命其忽大忽小，忽胖忽瘦，以此魔法博取各地觀眾的喝采與賞金。事實上，菩利塔威力無窮，祂只要看阿郎拍一眼，阿郎拍就會立刻化為灰燼，但菩利塔為了持戒，寧願自己受苦，也不願傷人。之後，菩利塔的大哥將祂救出，得救後的菩利塔非但沒有報復阿郎拍，還原諒阿郎拍。後來，菩利塔因持戒有成，功德圓滿，最終如願脫去那伽身形，順利轉生到天界（圖3-4）。

A-4　世上極樂[35]

　　佛陀在目支鄰陀樹下，一度結跏趺坐時，天起大雲，連續降雨七日。這時，目支鄰陀那伽王，從己住所爬出，用己身環繞佛陀，局蜷七匝，並將頭部鐮首大展，心中默禱著：「最重要的是要保護世尊，不讓世尊受到侵擾，不讓悶熱襲擾世尊，

[35] Mahamakut Buddhist University (ed.), *Tripitaka in Thai Translation Version*, Vol.44 (Nakhon Pathom: Mahamakut Buddhist University, 2003d), pp. 161-162.

圖3-4　〈菩利塔本生經〉壁畫（局部）

圖片來源：Luang Chan（曼谷藝師）繪，1920-1921，彩色顏料。泰國
那空帕農府 Wat Hua Wiang Rangsi，2016，張雅梁攝。

虻蚊、風、陽光和爬蟲等，也都不能打擾世尊修行。」目支鄰
陀那伽王守護世尊七日，直到雨過天晴後，才慢慢從世尊身上
解除局蜷，並幻化成童子，合掌皈依世尊（圖3-5）。

三、民間故事

　　接續談那伽民間故事，筆者將此類文本編碼為B類故事，
民間故事可反映原始先民及其生存環境的景況，特別是那伽信
仰廣布於南亞和東南亞，各地不同的那伽形象衍生出許多精采
的民間故事，如印度著名的〈攪海的故事〉，[36]以及元朝周達

---

[36]　〈攪海的故事〉大意講述天神與阿修羅們聯手攪拌乳海，以尋求海底長生不

圖3-5　那伽王護佛雕像
　　圖片來源：Bunleua Sulilat 創作，1978，灰泥，泰國農開府 Sala Keoku
　　　　　　Park，2017，張雅梁攝。

觀於《真臘風土記》所記載的柬埔寨九頭蛇精的軼事等，[37]都是耳熟能詳的那伽民間故事，透過這些傳誦已久的故事，有助於我們理解各地先民對那伽的想像。泰、寮兩國自古也流傳不少那伽民間故事與口述歷史，筆者從中挑選8則膾炙人口的故事，依次按 B-1、B-2、B-3……等順序介紹於下：

B-1　失落之城[38]

　　泰東北古時有一座失落之城，某日村民合力捉到一條銀色大鰻魚，便將其獻予國王，國王收下鰻魚後，下令宰殺烹調，讓全城百姓一起分食。就在全城百姓大啖鰻魚之際，城外剛好來了一位年輕男子，當他聽到大鰻魚的事後，驚嚇不已，立刻逃出城。入夜後，城裡莫名發生連續強震，將失落之城一夜震垮。翌日清晨，城外的居民發現失落之城已消失在沼澤之中，於是人們懷疑銀色大鰻魚就是那伽的化身，城裡的居民因分食

老甘露的故事。為求得甘露，毗濕奴教導天神和阿修羅一起攪拌乳海，大家用那伽王婆蘇吉（Vasuki）為繩子，纏繞于曼陀羅山，作為攪拌棒，再由毗濕奴化身神龜當作攪拌的基石，共同攪拌乳海。甘露出現的前後，許多的海底寶物、飛天（女神）陸續出現，也引發一場神魔間的甘露爭奪大戰，最終由天神贏得甘露。

[37]　真臘國有座空中宮殿，其中的金塔是真臘國王的寢宮，國王每夜必到金塔中就寢。當時人們傳說，這座金塔內住著國土之主——九頭女蛇精，她要求國王每夜必須先與她同寢交媾，深夜後才能離開金塔與其它妻妾同房。若九頭蛇精一旦消失無蹤，就表示國王的死期將近；可是國王如果一夜不前往金塔續歡，也會招致災禍臨頭。

[38]　Aree Samphan, *Folktales in Thailand* (Bangkok : Khri E Thabuk, 2010), pp. 80-82.

那伽而受到詛咒，導致滅城之難。

B-2　帕登和楠艾[39]

　　古時泰東北有位高棉王，他的女兒楠艾公主長得非常漂亮，求婚的人非常多，為了讓公主找到好對象，於是國王決定舉辦火箭比賽，看誰的火箭射得最高最遠，國王就將公主許配給他。消息公布後，有一名叫帕登的男子前來參賽，但他的火箭發射得不夠遠，因此無法如願迎娶公主。同時，也有另外一位那伽王子變化成人形，跟著人群進城觀賽，當祂看見楠艾公主時，對公主一見傾心，深深愛慕。之後那伽王子返回湖中，依舊念念不忘楠艾公主，於是決定跟那伽國王道別，進城找公主。那伽王子離開湖底後，就幻化為白松鼠，並在脖子掛上漂亮的寶戒，跑到皇宮庭院的樹枝上跳來跳去，一心想再見公主一面。

　　公主見到白松鼠，也看見了松鼠脖子上的寶戒，於是公主命令獵人射下松鼠，拿取寶戒。白松鼠被獵殺倒地時，身體突然變得非常巨大，臨死前，告訴前來拿取寶戒的獵人，祂的松鼠肉要讓全城的人一起享用。白松鼠死後，公主如願得到寶戒，而全城的百姓也一起分食了美味的松鼠肉，只有一群住在高原的寡婦因距離遙遠，沒有吃到松鼠肉。那伽王子的隨從得知王子的死訊後，立即回稟那伽國王，那伽國王聽聞噩耗，怒

---

[39] Samphan, *Folktales in Thailand*, pp. 97-100.

不可遏，決定要為兒子報仇。

　　另一方面，帕登因思念楠艾公主，也在同一時間返回城裡，想再看公主一面。當公主見到帕登後，便邀請帕登享用松鼠肉，並告訴帕登有關白松鼠的事。帕登一聽就知道白松鼠是那伽變化而成的，所以立刻阻止公主，不准她吃松鼠肉，因為根據傳說，人們如果吃了那伽肉，就會招致不幸，老化致死。帕登心知大難臨頭，隨即備馬帶公主逃出城，而就在此時，那伽國王正率領著那伽大軍血殺全城，除了那群沒吃松鼠肉的高原寡婦沒被殺害外，其餘吃過松鼠肉的人，全都難逃一死。帕登帶著公主一路奔逃出城，但那伽國王緊追在後，最後那伽國王成功擄回公主，帕登不敵，只好逃走。

　　逃走後的帕登時刻掛念公主安危，為了救公主，他發願成為鬼王，希望能率領群鬼拯救公主。於是，帕登自殺後成為鬼王，並帶領眾鬼大戰那伽軍隊，雙方交戰激烈，風雲為之變色，後經天神協調才停止戰役。楠艾公主雖被天神救回，但最後公主的丈夫究竟是那伽王子還是帕登？至今，公主仍在等待天神的答案。

B-3　哭泣的庫拉平原[40]

　　「哭泣的庫拉平原」位於泰國東北部，據說這裡曾經是一大片湖泊，湖中住著布里那伽王，如果村民有麻煩，只要召喚

---

[40] Samphan, *Folktales in Thailand*, pp. 101-106.

布里那伽，祂就會現身幫助村民。在湖泊的西面有一座占巴勘城，城裡的國王是布里那伽的好朋友，彼此曾有約定，若占巴勘城有難時，只要國王擊鼓，布里那伽就會整軍上岸相助。占巴勘城的公主十分漂亮，某日賞湖時遭當地的法師施咒挾持，眾人遍尋不著，於是國王擊鼓請布里那伽幫忙。布里那伽聽到鼓聲後，立刻上岸，國王告訴布里那伽有關公主在湖中失蹤的事，請求那伽王協尋。布里那伽聽完後，立刻發揮神力吸乾湖水，而深藏在湖底的叢林也慢慢地浮出水面，於是眾人便在叢林裡找到公主所乘坐的遊船，順利救回公主。

B-4　那伽求道[41]

寮國民間傳說那伽曾化做人形進入僧團求道，某次睡覺時不小心現出原形而被發現，不得不離開僧團。於是那伽懇求佛陀，希望僧團以後能用「那伽」之名統稱初進僧團的學習者，讓他們在正式出家前，以「那伽」之名留在僧團學習，用此紀念那伽對佛陀的忠誠（圖3-6）。

B-5　那伽火球[42]

傳說佛陀曾至湄公河沿岸向萬物布道，萬物生靈都欣喜追

[41] Ngaosrivathana and Ngaosrivathana, *The Enduring Sacred Landscape of the NAGA*, p. 3.
[42] Hongsuwan, "Sacralization of the Mekong River Through Folk Narratives," pp. 42-43.

圖3-6　那伽求道
　　　　圖片來源：作者不詳，2000 年，混合媒材，泰國農開府 Wat Pho Chai，
　　　　2017，張雅梁攝。

3-7 3-8 圖3-7 那伽火球節慶圖
　　　　圖片來源：作者不詳，2000年，混合媒材，泰國農開府 Wat Pho
　　　　　　　　Chai，2017，張雅梁攝。
　　　圖3-8 那伽守護那農佛塔
　　　　圖片來源：泰國農開府 Wat Siri Maha Katchai，2017，張雅梁攝。

隨。之後，有兩名那伽請求佛陀，希望能讓祂們進入僧團求
道，佛陀因慮及那伽的身形和人不一樣，便婉拒了請求。那伽
聽聞後立即幻化成人形，再度懇求佛陀，於是佛陀答應讓祂們
進僧團求道。其他的那伽聽到消息後都非常歡喜，因此每年在
出夏節（วันออกพรรษา／ວັນອອກພັນສາ）時，[43]眾那伽都會聚集
於湄公河並射出火球，表達對佛陀的尊敬與感謝（圖3-7）。

B-6　那農佛塔[44]

　　那農佛塔（พระธาตุหล้าหนอง, Phra That La Nong）位於泰東
北農開府，據說此佛塔原本位於湄公河岸，西元1847年時因河

---

[43] 泰、寮兩國的小曆屬於陰陽曆，以白分、黑分區隔每月上下旬，如黑分1
　　日是月圓後的第一天，也就是當月的16日。守夏節（泰、寮小曆8月黑分1
　　日，也就是8月16日）跟出夏節（泰、寮小曆11月15日）是泰國佛教傳統節
　　日，兩節日距時三個月，為佛陀規定守夏安居期。守夏節源自古印度僧尼於
　　雨季期間，禁足安居的習俗，認為此期間若外出，易傷及稻穀和草木小蟲，
　　故規定僧人留在寺內，坐禪修學，接受供養。

[44] Hongsuwan, "Sacralization of the Mekong River Through Folk Narratives,"
　　p. 38.

川改道，導致佛塔被淹沒，只剩下佛塔的頂端露出水面。當地居民相信，佛塔雖沉至水底，但佛塔內所供奉的佛舍利，仍繼續由河底的那伽守護著（圖3-8）。

B-7　丹塞那伽洞[45]

泰國黎府丹塞市的蓬猜寺座落於湄公河支流的一座小山丘上，山丘的中央有個蛇洞，可以直通河口，據說洞口附近曾出現過那伽的排泄物和鱗片，因此當地人就尊稱此洞為那伽洞，並就地蓋佛寺、造佛像。現在的那伽洞就位於蓬猜寺大殿的佛像旁，這是為了方便那伽可以從佛像的背後出現，展現那伽王護佛的姿態，如同佛經中所描寫的「那伽王護佛」的形象（圖3-9）。

B-8　黑塔的故事[46]

黑塔（ຫວນທາດດໍ, That Dam Stupa）位於寮國永珍，據說此塔早年是座金塔，有尊七頭那伽專門保護此塔。1827年暹羅與寮國發生戰爭時，金塔外的黃金被暹羅軍隊洗劫帶走，永珍城持續受到攻擊；就在危急存亡之際，塔內的七頭那伽幫助寮國擊退暹羅人，保全了永珍城，但金塔周邊的黃金與金箔因戰役失落，變成了黑塔。至今，寮國人仍視黑塔那伽為永珍的守護神（圖3-10）。

---

[45] 張雅梁，2012年6月11日泰國黎府，蓬猜寺資料，《丹塞縣的惜雙拉佛塔和蓬猜寺》（พระธาตุศรีสองรักและ วัดโพนชัยอยู่ที่อำเภอด่านซ้าย），張雅梁翻譯。

[46] 張雅梁，2017年10月12日，寮國永珍，田野資料。

3-9

3-10

圖3-9　蓬猜寺大殿的那伽洞
　　　　圖片來源：泰國黎府 Wat Pho Chai，2017，張雅梁攝。
圖3-10　永珍黑塔
　　　　圖片來源：寮國永珍市區，2017，張雅梁攝。

四、那伽故事分析

　　將上述A、B兩類故事的關鍵字句透過編碼，歸納如表3-1，即可得知那伽在佛教故事和民間故事中截然不同的兩類形象。A類《南傳大藏經》故事立基於佛教，所以在佛教故事中的那伽，經常與護佛和摩尼珠有關，其對那伽的描述大致如下：

　　　　那伽為美麗神獸，頸掛摩尼珠，掌管水域。其天敵為金翅鳥，但因皈依世尊且喜愛修行，故能避難；那伽經常以頭部鐮首大展之姿保護佛陀與修行人。

　　再來是B類的民間故事，這類故事立基於巨蛇崇拜，強調的是那伽的七情六欲、神威善戰與驅鬼能力，若人類不崇敬那伽，那伽便會報復與降災，其所內蘊的形象和《南傳大藏經》故事完全不同，民間故事對那伽的描述大致如下：

　　　　那伽掌管水域與財寶，具七情六欲和驅鬼魔力，可受國王的召喚，幫助人類。傳說那伽常幻化成人類或銀白色的動物，人們若宰殺分食，會受到那伽詛咒，遭遇不幸。

　　透過上述兩類故事的文本分析，可以理解泰國和寮國故事中的那伽形象，有《南傳大藏經》和民間故事兩類文本系統，這說明那伽形象是兩套不同文化系統下的產物。

表3-1　那伽故事關鍵字句編碼

故事段落編號	關鍵字句編碼
A-1	01喜愛修行人 02變化成人形 03將頭部鎌首大展 04保護修行人 05回到水中住處 06那伽頸部掛著摩尼珠 07所有的飲食需求都來自摩尼珠 08美麗的那伽
A-2	01那伽被金翅鳥追捕 02幻化成摩尼珠 03躲入修行人皮衣中 04皮衣發出修行威光，所以金翅鳥無法近前捕抓那伽。
A-3	01智慧卓越 02發願勤修功德
A-3	03希望能脫離那伽身形，不再爬行。 04持戒 05寧死也不造惡

故事段落編號	關鍵字句編碼
A-3	06展現神通力 07威力無窮 08只要看阿郎拍一眼，阿郎拍就會立刻化為灰燼。
A-4	01將頭部鎌首大展 02保護世尊 03守護世尊 04幻化成人形 05合掌皈依世尊
B-1	01全城分食銀色大鰻魚 02大啖鰻魚 03連續強震 04銀色大鰻魚是那伽的化身 05那伽的詛咒
B-2	01那伽王子幻化成人形 02那伽對公主一見傾心 03那伽幻化為白松鼠 04白松鼠脖子上的寶戒 05全城享用松鼠肉 06為那伽王子報仇 07白松鼠是那伽變幻而成 08如果吃了那伽肉，就會招致不幸，老化致死。
B-2	09那伽血殺全城 10眾鬼大戰那伽軍隊

故事段落編號	關鍵字句編碼
B-3	01那伽幫助村民 02整軍上岸相助 03發揮神力 04吸乾河水
B-4	01那伽化做人形 02入僧團求道 03以「那伽」之名統稱僧團的學習者 04那伽對佛陀的忠誠
B-5	01進入僧團求道 02幻化成人形 03眾那伽都會聚集於湄公河並射出火球 04對佛陀表示尊敬與感謝
B-6	01佛塔內所供奉的佛舍利，仍繼續由河底的那伽守護著。
B-7	01洞口附近曾出現過那伽的排泄物和鱗片 02那伽洞就位於佛像旁，方便那伽可以從佛像的背後出現，展現那伽王護佛的姿態。
B-8	01有尊七頭那伽專門保護此塔 02塔內的七頭那伽幫助寮國擊退暹羅人，才保全了永珍城。 03寮國人仍視黑塔那伽為永珍的守護神

資料來源：張雅梁整理

　　接續，將表3-1的關鍵字句再次進行分類，便可得出10項有關那伽形象的描繪語詞，如表3-2，如此便可歸納出泰、寮文化中那伽形象的五大特點：

（一）那伽為美麗神獸

　　上述兩類民間故事中，那伽都是具有神通力的美麗神獸，在外形上，《南傳大藏經》中的那伽配戴摩尼珠，而泰、寮民間故事則提及那伽具有寶戒，因此，泰、寮佛寺的那伽造像，其頸胸前多鑲刻珠寶紋，用來比喻摩尼珠或珍貴的珠寶（圖3-11）。

圖3-11　那伽胸前的珠寶紋
圖片來源：泰國清邁市 Wat Chedi Luang，2015，張雅梁攝。

（二）那伽為水中之王

　　兩類故事中的那伽都是水中之王，掌管水域。那伽在各地的名稱與傳說雖有不同，或稱那伽為龍、大蛇、鱷魚、大鰻魚等，但共同點都是水中之王。

（三）那伽具情欲

　　表3-2中的「情欲」、「善戰」和「詛咒傳說」等形象描述，全出自B類民間故事，說明在泰、寮的巨蛇崇拜中，那伽是具情欲、善戰，同時能守護王土的神獸。

（四）那伽為護法神

　　表3-2中，與佛教三寶跟修行有關的描述，幾乎都出現在《南傳大藏經》的故事中，因為在南傳佛教中，那伽被形塑成三寶的守護者，只要跟三寶有關的事物，經常可見那伽身影守護其旁，這與那伽護衛三寶的精神有關。有趣的是，在B類民間故事中，也會表達那伽渴望成為佛門弟子的情節（參B-4-03, B-4-04, B-5-04），這個皈依佛陀的敘事，是那伽從本土形象轉向佛教形象的重要轉捩點。

（五）天敵是金翅鳥

　　那伽和金翅鳥的故事可溯及印度神話，同時《南傳大藏經》裡也記載了兩者的故事。在東南亞的佛教藝術中，從吳哥

帝國乃至更早的時代，金翅鳥捕捉那伽的造形就已出現；直到現在，「金翅鳥與那伽」這組隱含相剋相生的圖像符碼，依舊常見於藝術創作上（圖3-12）。

圖3-12　金翅鳥（上）捕捉那伽（下）的造形
圖片來源：柬埔寨暹粒巴戎寺，2018，張雅梁攝。

表3-2 那伽形象分析表

那伽形象	描述
外型	A-1-06那伽頸部掛著摩尼珠
	A-1-07所有的飲食需求都來自摩尼珠
	A-1-08美麗的那伽
	A-3-03希望能脫離那伽身形，不再爬行。
	B-2-04白松鼠脖子上的寶戒
居住地	A-1-05回到水中住處
	B-3-03吸乾河水
	B-5-03眾那伽都會聚集於湄公河並射出火球
	B-7-01洞口附近曾出現過那伽的排泄物和鱗片
神通力	A-1-01喜愛修行人
	A-2-02幻化成摩尼珠
	A-3-06展現神通力
	A-3-07威力無窮
	A-3-08只要看阿郎拍一眼，阿郎拍就會立刻化為灰燼。
	A-4-04幻化成人形
	B-1-04銀色大鰻魚是那伽的化身
	B-2-01那伽王子幻化成人形
	B-2-03那伽幻化為白松鼠
	B-2-07白松鼠是那伽變幻而成
	B-3-03發揮神力
	B-4-01那伽化做人形
	B-5-02幻化成人形
神通力	B-8-03寮國人仍視黑塔那伽為永珍的守護神

那伽形象	描述
情欲	B-2-02那伽對公主一見傾心
	B-2-06為那伽王子報仇
善戰	B-2-10眾鬼大戰那伽軍隊
	B-3-01那伽幫助村民
	B-3-02整軍上岸相助
	B-8-02塔內的七頭那伽幫助寮國擊退暹羅人，才保全了永珍城。
詛咒傳說	B-1-01全城分食銀色大鰻魚
	B-1-02大啖鰻魚
	B-1-03連續強震
	B-1-05那伽的詛咒
	B-2-05全城享用松鼠肉
	B-2-08如果吃了那伽肉，就會招致不幸，老化致死。
	B-2-09那伽血殺全城
與三寶的關係	A-1-02變化成人形
	A-1-04保護修行人
	A-2-03躲入修行人皮衣中
	A-4-02保護世尊
	A-4-03守護世尊
	A-4-05合掌皈依世尊
	B-4-03以「那伽」之名統稱僧團的學習者
	B-5-01進入僧團求道
	B-5-04對佛陀表示尊敬與感謝

那伽形象	描述
與三寶的關係	B-6-01佛塔內所供奉的舍利子，仍繼續由河底的那伽守護著。
	B-8-01有尊七頭那伽專門保護此塔
護衛三寶的姿態	A-1-03將頭部鐮首大展
	A-4-01將頭部鐮首大展
	B-4-04那伽對佛陀的忠誠
	B-7-02那伽洞就位於佛像旁，方便那伽可以從佛像的背後出現，展現那伽王護佛的姿態。
修行形象	A-3-01智慧卓越
	A-3-02發願勤修功德
	A-3-04持戒
	A-3-05寧死也不造惡
	B-4-02入僧團求道
天敵	A-2-01那伽被金翅鳥追捕
	A-2-04皮衣發出修行威光，所以金翅鳥無法近前捕抓那伽。

資料來源：張雅梁整理

五、兩類那伽形象

　　A、B兩類故事顯示泰、寮文化中的那伽形象有《南傳大藏經》和民間故事兩種類型以及五大特點。兩類那伽形象反映出其背後的兩套文化系統，一套是佛教，一套是本土巨蛇崇拜，兩者形象明顯不同，主要差別在於那伽皈依持戒的行

為。[47]

　　從那伽的兩類形象看來，本土巨蛇崇拜和佛教分別在不同的時代主導著那伽的形象，其形象的轉化也意味著社會脈絡的變遷。南傳佛教進入東南亞前，泛靈論是多數泰、寮先民的信仰，其中包含巨蛇崇拜；先民對巨蛇的想像，透過民間故事的流傳，形塑出巨蛇會輔君、幻化、驅鬼、施財、降雨與報復的形象，使得人們對其產生敬畏，巨蛇崇拜也因此深植於先民心中。之後，佛教傳入，開始吸納本土的民間信仰，並在眾多神獸中，揀選與那伽形似的巨蛇成為護佛神獸，這不但符合佛經故事中的那伽王護佛的橋段，也契合泰、寮先民的巨蛇崇拜。於是，南傳佛教一方面透過吸納巨蛇崇拜的力量幫助傳教，[48]另一方面，也提升巨蛇的宗教位階，讓祂從水精靈轉型成為佛教的龍天護法。

　　總結來說，對於泰國及寮國的那伽形象可以這樣理解：巨蛇崇拜中的那伽經南傳佛教收編後，其神格由水精靈變成佛教守護神，連帶影響了祂的形象，使其從七情六欲的那伽轉變為持戒的修行者。《南傳大藏經》故事中的那伽雖然持戒，但並不意味那伽不善戰，那伽在大藏經中的形象是三寶的守護者，祂依舊善戰，能威嚇鬼魅，只是這與巨蛇崇拜中的殺戮與復仇形象有所不同，受戒後的那伽經過佛教教化，不強調殺生，反

---

[47] Ya-Liang Chang, "Exploring Naga Images: Textual Analysis of Thailand's Narratives," *Journal of Mekong Societies* 13.1 (2017), p. 32.
[48] Wongthes, *Naga in History of Southeast Asia*, pp. 5-6.

而鼓勵忍辱，於是形成了和民間故事迥然不同的修行形象。

　　楊建軍論述中國回族的先民分別由陸路和海路來到中國，海上精神和陸上精神應該是回族民族精神的雙源泉，但在回族文學發展中，陸上作品卻遠遠超過海上的作品，意味著長期以來對此議題關注的偏頗，忽略海外華人文學中的海洋書寫。[49]相同地，歷來研究多數主張東南亞的那伽源自印度神話，視其為印度化的一部分，這樣的主流論述是否也偏頗了某些認知，而形成了刻板印象？經本章分析，發現泰、寮那伽形象的背後有本土巨蛇崇拜與佛教兩大文化系統，換言之，泰、寮那伽形象的原型雖然來自於印度神話，但並不全然都是印度化的結果，也有本土文化的力量作用其中，因此，泰、寮那伽文學中的那伽形象才會顯現出兩種不同的文化系統，造就兩類的那伽形象。

---

[49] 楊建軍，〈論東南亞回族華人文學的旅行書寫〉，《民族文學研究》，2017年第1期（2017年），頁164-169。

第四章　佛寺那伽美術

　　文學、藝術和美的事物，都是人類美感的物件，從文學
到美學，涉及美的原理與表現，此一過程，龔鵬程從文學角
度認為人文學是強化我們對生命的理解，而美學則是一種人
學，美學情境的展現存在於人的倫理關係和價值抉擇之間。[1]
這種轉換的機制，是表達、是選擇，也是布赫迪厄（Pierre
Bourdieu）社會學觀點下的場域結構關係：

> 對於文學場域與權力場域之間關聯的分析，強調的是種
> 種開放的或隱含的形式，以及種種直接的或者倒轉的依
> 賴效應，但也不會就此忽略，作為場域的文學界在運作
> 時所產生的重大效應之一，是如何組構而成的。[2]

　　以東南亞那伽而言，從文學場域進入權力場域，就是那伽
文學連結佛寺美術的結果。從上一章的分析得知，那伽在文學

---

[1]　龔鵬程，〈文學與美學再版序〉，《文學與美學》（臺北：業強出版社，
　　1995）。
[2]　皮耶・布赫迪厄（Pierre Bourdieu）著，石武耕、李沅洳、陳羚芝譯
　　《藝術的法則：文學場域的生成與結構》（臺北：典藏藝術家庭出版社，
　　2016），頁113。

中有「佛教」與「本土」兩類形象，反映出其背後「佛教」與「巨蛇崇拜」兩種文化脈絡，但在現實生活中，泰寮人民對那伽的認知幾乎都來自佛教，巨蛇崇拜的形象相對少見，這是因為南傳佛教是論述東南亞那伽的主要語言系統，所以那伽守護三寶的精神會透過那伽美術一再出現於佛寺建築中。

　　當那伽進入佛寺後，祂便從虛擬的故事角色轉為現實生活中的神獸，除了受人景仰外，最重要的功能就是彰顯那伽護佛的精神。佛寺建築是東南亞那伽美術的主要載體，其那伽形象的建造除了依循佛教故事外，也會採用部分的那伽民間故事（如那伽求道），藉由那伽文學中的護佛與向佛故事，傳達佛法教義。

一、宇宙觀與佛寺建築

　　南傳佛教的宇宙觀指的就是三界的概念，「三界」和「功德」是南傳佛教教義的核心，也是泰國和寮國重要的文化脈絡。佛教的三界是指欲界、色界和無色界，其計量基礎為一小世界，而宇宙就是由無數的小世界所組成的。一個小世界是以須彌山為中心，周圍環繞日、月、四大洲；包含須彌山在內，共九山八海，上覆以初禪三天，謂之小世界。此一小世界以一千為集，而形成一個小千世界，一千個小千世界集成中千世界，一千個中千世界集成大千世界，此大千世界因由小、中、大三種千世界所集成，故稱三千大千世界。在眾星雲集的星海

裡，其中一個小世界的四大洲之南贍部洲，據理解就是人類所生存的世界。[3]三界可劃分為三十一個不同的境界，眾生要投胎與前往哪一個境界，全都要依隨前世的業力（karma）和功德（merit）而決定，[4]大多數的眾生會一直在三界裡週期性的不斷輪迴著，而影響輪迴最重要的因素便是功德，功德是一種力量，它可以保護個體魂魄，也能影響個人在世的福報。

　　一個人的出身暗示著他所儲存的功德及可能得到的名聲，例如在泰國社會中，某些人的水牛可以賣較好的價錢，這可能是他們受到命運的影響或護身符的保佑，使得這些人特別受到人類秩序之外的力量所保護與喜愛，而這都與個人的功德有關。[5]人們相信在世的功德累積得越多，不僅有助於自己的今生與來世，也能利益往生的親友，所以在南傳佛教的觀念裡，三界、功德和因果彼此相互作用且自成邏輯，泰、寮人民用此創造了一個有意義的世界，也定義了行走這世界的方法。

　　三界和功德觀深深影響了泰國和寮國人民的生活、認知與行為，而透過各類藝術莊嚴佛寺以累積功德的觀念，就是在南傳佛教宇宙觀下所發展出來的。「做功德」是泰、寮南傳佛教

---

[3] 佛光大辭典，〈三千大千世界〉，https://www.fgs.org.tw/fgs_book/fgs_drser.aspx。下載日期：2024年3月11日。

[4] 業力指的是身心意識和過去生的行為。

[5] Lucian M. Hanks, "Merit and Power in the Thai Social Order," *American Anthropologist*, 64.6 (1962), pp. 1252-1254; Richard A. O'Connor, "Siamese Tai in Tai Context: The Impact of a Ruling Center," *Crossroads: An Interdisciplinary Journal of Southeast Asian Studies*, 5.1 (1990), p. 10.

的重要特色，佛寺中的許多活動都串連在做功德的精神之下，例如抄寫貝葉經、彩繪佛寺壁畫、裝飾佛寺和舉行慶典等，都是寺廟中重要的供佛行為，當地人相信透過宣揚教義與供養行為可以累積許多功德，[6]而這些物質文化也相對造就了南傳佛寺的美術表現。

那伽美術是泰、寮佛寺中的重要元素，特別展現於雕塑、建築裝飾、壁畫與其他佛寺用品中，其在佛寺中的位置與造形各有寓意，目的都是在展示那伽和佛教之間的關係。以圖4-1泰國佛寺為例，[7]建築體中的山牆雕花、鴟尾、撐拱、拱門和階梯等處，常有那伽美術裝飾其上，因為佛寺象徵了三界中的須彌山，[8]相傳須彌山周圍有鹹海環繞，由於那伽掌水，又屬於三界中的護法神，因此那伽的造像經常被安置在佛寺的周邊與出入口，這樣的建築設計一方面符合佛教的宇宙觀，另一方面也發揮了那伽護佛的功能。此外，佛寺的雕像、壁畫與器具等，也常見那伽的造像、圖像或符號，其用意都是在表現那伽守護三寶的精神，因為那伽是南傳佛教重要的龍天護法。

---

[6] Pornsawan Amaranonta, "A Study on the Relationship between Thai Mural Paintings about the Buddhas of the Past and Literature in Relation to Buddhism," *Journal of Damrong* 7.1 (2008), p. 41.

[7] 圖4-1為重繪圖，原圖請參The Royal Society, *Thai Art Vocabulary: Letters ก-ฮ, The Royal Institute Version* (Bangkok: The Royal Society, 2007), p. 523; Woralun Boonyasurat, *The Study of Lanna Viharn during the 15th-19th Centuries AD* (Chiang Mai: Chiang Mai University, 2000), p. 192.

[8] Jumsai, *NAGA: Cultural Origins in Siam and the West Pacific*, pp. 117-118.

　　泰、寮佛寺的建築風格雖有不同，但使用那伽美術作為建築裝飾的做法卻是相同的，我們可以從雕塑、建築裝飾、壁畫和佛寺用品等面向瞭解那伽美術在佛寺中的使用情況。

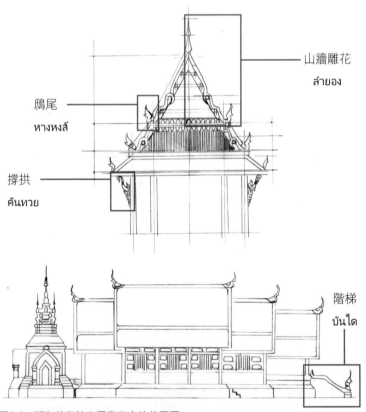

山牆雕花
ลำยอง

鴟尾
หางหงส์

撐拱
คันทวย

階梯
บันได

圖4-1　那伽美術於泰國佛寺中的位置圖
　　　　圖片來源：張雅梁重繪，原上圖參 The Royal Society, p.523，原下圖參 Woralun Boonyasurat, p. 192.

二、雕塑

佛經故事中所描述的佛陀姿態，經整理多達73種（另一說為66種），[9]那伽王護佛像（ปางนาคปรก／บฺูวฺงนาคปิก, Pang Nak Prok）便是其中一種，那伽之所以能在眾多神獸中被揀選守護佛旁，與巨蛇崇拜有關，尤其那伽是佬族的傳統信仰，因此那伽王護佛像特別流行於佬族眾多的泰東北和寮北。

那伽王護佛像的故事源出《南傳大藏經》裡的護佛本事，這類造像從墮羅缽底時期就受到歡迎，早在吳哥帝國時，吳哥寺中的佛陀像便盤坐於那伽之下，受到那伽保護，後來那伽王護佛像傳播至素可泰王國，被當時的華富里學派（Lopburi School，現今泰國中部）藝師採用（圖4-2），一路流傳至今。[10]華富里藝術是泰國古代藝術，時間定義有不同說法，[11]這類藝術受高棉影響，因此泰人所稱的華富里藝術，指的就是泰國境內的高棉藝術。

---

[9]　Dhammathai, "Styles of Buddha Images," *Dhammathai*, http://www.dhammathai.org/pang/pang.php, July 2,2023; Sakchai Saisingha, "Buddha Images," in *Thai Youth Encyclopedia*, Vol.29, No.2. (Bangkok: Thai Youth Encyclopedia Project by His Majesty the King, 2012), p.50, pp. 52-54.

[10]　Promsak Jermsawatdi, *Thai Art with Indian Influences* (New Delhi: Abhinav, 1979), pp.123-125.

[11]　華富里時期（Lopburi Period）有多種說法，如西元7-9世紀、11-13世紀等。

圖4-2　那伽王護佛像（華富里藝術）
　　　圖片來源：12 世紀，曼谷國立博物館
　　　　　　　　收藏，2022，張雅梁攝。

那伽王護佛像是泰、寮佛寺中常見的的那伽雕塑，如星期佛的佛像中，[12]就包含那伽王護佛像在內，值得注意的是，一般的星期佛或那伽王護佛像通常安置於佛寺主殿外或側殿（圖4-3，4-4），很少供奉於大殿內，但由於佬族信奉那伽，因此伊森與部分的寮國佛寺會將那伽王護佛像安奉於主殿上，伊森人甚至會為那伽王單獨造像膜拜，這在泰、寮文化中並不常見，可說是伊森地區的特色，也說明了那伽在佬族文化中的崇高地位（圖4-5，4-6）。

---

[12] 星期佛是泰寮人民依照一週七天，選取佛陀的八種造形做為個人出生日的守護象徵，除週三有日夜兩尊佛外，其餘週日到週六各一尊佛，共八尊佛像。佛寺內通常會設置星期殿或擺設星期佛，供民眾祈福與布施。

圖4-3 星期佛像
圖片來源：寮國永珍市 Vat Sisaket，2017，張雅梁攝。

圖4-4 那伽王護佛像
圖片來源：泰國烏汶府 Wat Tai Phrachao Yai Ong Tue，2016，張雅梁攝。

4-5

4-6

圖4-5　那伽王護佛像供奉於主殿
　　　　圖片來源：寮國永珍市 Vat Sisaket，
　　　　　　　　　2017，張雅梁攝。
圖4-6　那伽王造像
　　　　圖片來源：泰國農開府 Wat Thai，
　　　　　　　　　2017，張雅梁攝。

三、建築裝飾

　　佛寺體現佛教的宇宙觀，在泰、寮人的觀念裡，佛寺如同須彌山，外有龍天護法守護，因此佛寺裡的那伽幾乎都位於寺廟周圍或入口，如佛寺建築的山牆雕花、鴟尾、撐拱、拱門、樓梯與門窗等處，經常飾以那伽造形，負責守護三寶。

（一）山牆與鴟尾

　　泰、寮湄公河流域的佛寺建築工法雖不同，但其山牆雕花都慣以那伽身形做為裝飾，從山牆頂端（ช่อฟ้า／ຊໍ່ຟ້າ）到尾部的鴟尾都常以那伽的造形進行設計。一般而言，伊森和寮北佛寺的山牆設計中，那伽造像較為鮮明，不僅尺寸較大，連形貌都十分寫實，設計上會突顯那伽的蛇形與頭冠的彎曲幅度，並透過那伽背部的直立鱗片與張嘴吐舌的形象，塑造那伽居高臨下的英姿（圖4-7，4-8）。

　　另外，泰、寮的山牆頂端是佛寺的最高點，泰國的山牆頂端向來以鳥類造形（如天鵝、金翅鳥或雞等）居多，[13]但寮國及伊森的佛寺則多採用那伽形制，因為當地佬族視那伽為最尊貴的神獸，因此會將那伽擺放在佛寺的至高點，意喻尊榮，也體現那伽護衛佛寺的宗教意義。

---

[13]　Jumsai, *NAGA: Cultural Origins in Siam and the West Pacific*, p.136.

圖4-7　那伽山牆頂端
圖片來源：寮國琅勃拉邦 Vat Sensoukharam，2018，張雅梁攝。

圖4-8　那伽鴟尾
圖片來源：泰國那空帕農 Wat Klang，2016，張雅梁攝。

（二）撐拱與拱門

　　泰、寮佛寺的撐拱和拱門（ຊຸ້ມ／ຊຸ້ມ）也經常使用那伽做
裝飾，撐拱是建築中的上簷柱與橫樑之間的撐木，可使建築體
更加穩固；拱門通常是泰、寮佛寺的入口，當地人習慣在拱門
的上方加上小山牆，象徵神佛的宮殿，以此美化佛寺。撐拱與
拱門都是支撐或展示建築體的重要結構，形同那伽在佛教中的
護佛角色，守護佛寺於外，因此舉凡在佛陀的周邊、佛寺門口
與四周，都是那伽可能出現的位置。

　　湄公河流域的那伽撐拱的尺寸比一般佛寺來得大，有的
幾乎占牆面的二分之一；早期的撐拱多為木質三角板，藝師
再從中鐫刻出那伽身形（圖4-9），之後隨著工藝與媒材的進
步，加上各地藝師的靈感表現，那伽撐拱的造形趨向多元，有
單一的那伽設計，也有那伽和其他神獸混合的造形（圖4-10，
4-11），用來體現混合神獸的強大力量。[14]

　　拱門山牆的那伽美術同樣精彩，泰、寮藝師會在山牆內刻
畫佛教故事與人物，一來裝飾佛寺，二可教化人心，三則發揮
護佑寺的功能，這也是當地佛寺的建築特色。在這些美麗的
敘事中，總能於繁複的線條設計裡見到那伽身影，除了那伽彎
曲的線條符合泰式設計與寮式設計的美感外，[15]最重要的是還

---

[14]　張雅梁，2015年10月29日，清邁市，訪談人：Wat Chai Phra Kiat師父。
[15]　泰式設計與寮式設計是泰、寮兩國的主流設計，也是他們的美學表現，兩者
　　的線條組合十分相似，都強調彎曲線條、繁複與對稱。

4-10

4-9 4-11

圖4-9　木質那伽撑拱
　　　圖片來源：寮國琅勃拉邦 Vat
　　　　　　　Souvannakhiri，2018，
　　　　　　　張雅梁攝。
圖4-10　那伽撑拱
　　　　圖片來源：寮國琅勃拉邦香通寺，
　　　　　　　　　2017，張雅梁攝。
圖4-11　那伽撑拱（混合神獸）
　　　　圖片來源：泰國烏汶府 Wat Liab 鐘
　　　　　　　　　樓，2016，張雅梁攝。

是體現那伽護佛的精神（圖4-12，4-13）。

（三）門窗與樓梯

　　佛教和民間故事中的那伽，一直給人驍勇善戰的形象，因此湄公河流域的佛寺會在門窗與樓梯入口處製作那伽造像，用以抵禦邪魔（圖4-14，4-15，4-16）。那伽守護佛寺的傳統從吳哥帝國就開始，吳哥神廟群的建築設計強化了那伽的守護形

象，以吳哥窟為例，神廟外的那伽呈現巨蛇樣貌，肩負重責的
盤據在建築的最周邊，以兇惡姿態嚇阻妖魔、捍衛聖地，而蛇
身則形成通道，越過護城河，引領國王與信眾進入宛如天堂的
廟宇。那伽在吳哥文化裡，除了能驅魔，也有天梯的涵意，在
浪漫的想像中，那伽處於吳哥窟神廟的位置，彷彿是通往天堂
淨土的一道嚴峻關卡，警示通行者必須經過那伽這一關，才得
以進入聖殿淨地（圖4-17）。

　　泰國和寮國也視佛寺的階梯為天堂入口，傳說佛陀上忉利
天為母講經時，就是踏著那伽的身體直上雲霄，所以信徒相
信人死後可經由那伽身體做成的階梯進入天堂，因此泰、寮
人民會在佛寺入口處製作那伽階梯，做為通往天界的通道（圖
4-18），[16]尤其泰、寮佬族藝師更熱衷此道。[17]

　　泰、寮的那伽階梯中，以「人形那伽階梯」（圖4-19）最
具特色，這種半人半那伽的造形很少見，但卻頻繁出現於伊森
的佛寺中，這與當地流傳的民間故事有關，如〈帕登和楠艾〉
中就描述那伽王子具有神力，可幻化成人形，因此伊森人依此
傳說，製造出人形那伽階梯，將伊森人對那伽的想像實體化，
也形成伊森那伽美術的特色。

---

[16] Pritasuwan, *Naga Decorate Buddhist Temples in Amphoe Mueang Nan*, p. 5.
[17] Ivan Polson, "The Art of Dissent: The Wall Paintings at Wat Thung Sri Muang in Ubon Ratchathani," *The Journal of Lao Studies* 3.1 (2012), pp. 101-102.

圖4-12 寮國拱門山牆那伽裝飾
　　　圖片來源：寮國琅勃拉邦 Vat Souvannakhiri，2018，張雅梁攝。

圖4-13　伊森拱門山牆那伽裝飾

圖片來源：泰國黎府 Wat Srikhunmuang，2017，張雅梁攝。

4-16	
	4-14

圖4-14　那伽大門
　　　　圖片來源：寮國琅勃拉邦 Vat Aham Outama Thany，2017，張雅梁攝。
圖4-16　那伽守護入口
　　　　圖片來源：泰國孔敬府 Wat Sanuan Wari Phatthanaram，2016，張雅
　　　　梁攝。

圖4-15　那伽窗戶
圖片來源：泰國農開府 Wat Sa Kaeo，2017，張雅梁攝。

4-17	
4-18	4-19

圖4-17　吳哥窟那伽橋
　　　　圖片來源：柬埔寨暹粒吳哥窟，2018，張雅梁攝。

圖4-18　那伽階梯
　　　　圖片來源：寮國琅勃拉邦 Vat Haw Pra Bang，2017，張雅梁攝。

圖4-19　人形那伽階梯
　　　　圖片來源：Choetchai Donokngonchao，2017，灰泥，泰國農開府
　　　　Wat Thai，2017，張雅梁攝。

四、壁畫

　　泰國推行無形文化資產法的進展較寮國早，其於 2016 年立法通過《促進與保護無形文化資產法》，其中第四條明訂，壁畫屬於「民間文學」類，[18]由此可知壁畫和民間文學的關係密切。

　　「功德」和「三界」是南傳佛寺壁畫的重要內涵，佛寺壁畫並不是單純的美術表現，它蘊含了「做功德」的精神，信徒相信將佛教故事透過壁畫供佛，會得到無上功德。所以湄公河流域的佛寺，經常在佛寺的內外牆彩繪壁畫，如果無法在牆面彩繪，也會以「畫卷」的方式取代牆面，[19]將畫布懸掛於佛寺大殿內，做為供佛的圖像（圖4-20）。

　　南傳佛寺的壁畫也與三界有關，三界宇宙觀的理念不僅體現於建築上，也常被繪於泰、寮佛寺壁畫中，後來還發展出《馬利僧人遊地獄》（Phra Malai's Journeys to Hell）的故事，透過天堂與地獄的圖像傳達教義與教化世人。馬利遊地獄是具泰國本土觀點的三界故事，據說源於15世紀的泰北，並在17世紀時流傳至泰國中部，成為家喻戶曉的故事。[20]南傳佛教的宇

---

[18] Office of the Council of State, "The Promotion and Preservation of Intangible Cultural Heritage Act B.E. 2559," https://www.krisdika.go.th/librarian/get?sysid=746396&ext=pdf, July 2,2023, p. 2.

[19] 壁畫是將圖像彩繪或雕刻於牆上，畫卷則是將圖像彩繪於長條形的布料上，平時可用卷軸卷起收藏。

[20] 參John P. Ferguson and Christina B. Johannsen, "Modern Buddhist

圖4-20　本生經故事畫卷
圖片來源：泰國黎府 Wat Si Phum，2012，張雅梁攝。

宙觀包含天堂與地獄，地獄的陰森可怕與天堂形成對比，而馬
利遊地獄的故事是以第一人稱的視角敘述地獄種種的景象，以
親身經歷的說法宣傳教義，加深人們對三界的信仰。

　　除此之外，泰、寮佛寺的壁畫主題也包含了佛經或印度史
詩的文學情節，例如《本生經》、《羅摩史詩》和各地民間故
事等（圖4-21，4-22），其中〈菩利塔本生經〉記載了佛陀曾
轉世為那伽王子，因此這則故事特別盛行於湄公河流域的佛
寺，利用壁畫傳達那伽求道的精神，同時教育民眾持戒的重要
性。而與那伽求道有關的民間故事也同樣受泰寮人民喜愛，
當地藝師會透過壁畫再現故事情節，彰顯那伽向佛的決心（圖
4-23）。

　　湄公河流域的那伽壁畫比泰寮其他地區都來得豐富，舉凡
本生經、民間故事和那伽節慶等，都成為當地彩繪的題材，像

Murals in Northern Thailand: A Study of Religious Symbols and
Meaning," *American Ethnologist* 3.4 (1976), pp. 658-659; Kathleen I.
Matics, "Hell Scenes in Thai Murals," *Journal of The Siam Society* 67.2
(1979), p. 38.

4-21	
4-22	4-23

圖4-21　史詩故事壁畫
　　　　圖片來源：寮國琅勃拉邦Vat Siphoutthabat Thippharam，2018，張雅梁攝。
圖4-22　那伽護佛壁畫
　　　　圖片來源：寮國琅勃拉邦香通寺，2017，張雅梁攝。
圖4-23　那伽求道壁畫
　　　　圖片來源：泰國農開府Wat Pho Chai，2017，張雅梁攝。

泰國農開府蓬猜寺裡就繪有滿牆的那伽故事連環圖，連該寺的門神也都是以腳踏那伽的姿態呈現。

那伽壁畫出現於泰東北和寮北的佛寺中，除了說明當地居民對那伽的崇拜情懷外，還印證了壁畫與民間文學的關係，因為佛寺壁畫的創作泉源多數來自於佛教故事與民間文學，這些故事透過藝師的創作，再現文學中的那伽形象，守護佛寺。

五、佛寺用品

那伽為佛教護法神，除三寶用品外，泰、寮重要的佛教儀式用品也會加入那伽造形，象徵那伽的守護，例如僧侶講壇（ธรรมาสน์โบราณ／แท่นบูฮาบูธาบ）、潑水節禮車、皇家喪禮車及灑水儀式器具（ฮางฮดสรง／ธางซ็ดสิง, Hang Hode Song）等。

泰、寮佛寺的僧侶講壇，動輒都有百年以上的歷史，木質建材居多，講壇造形如同佛寺壁畫中的小型神龕，通常會搭配那伽階梯（圖4-24），供僧侶入內講經之用。潑水節禮車和皇家喪禮車則展現了那伽「守護」與「運輸」的文化意義，因為民間傳說那伽具有護佛、護王與護民的神力，也是往來三界的通道，所以潑水節遊行和皇家喪禮的禮車都會使用那伽進行設計（圖4-25）。泰寮至今都還保留著這些古俗，特別是香通寺收藏了古代皇家的出殯禮車，禮車前座的七頭那伽氣勢雄偉、熠熠生輝，令人印象深刻（圖4-26）。

香通寺內的出殯禮車以那伽為首，上頭存放著寮國近代國

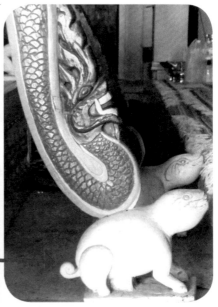

圖4-24　僧侶講壇
圖片來源：泰國烏汶府 Wat Jang，
　　　　2016，張雅梁攝。

王的骨灰，因為那伽掌管地下世界，所以若要將死後的靈魂送
回靈界或天堂，就必須仰賴那伽護送。[21]那伽護送出殯禮車的
習俗不只出現於寮國，在泰國也是如此，像2016年拉瑪九世蒲

---

[21] Sujit Wongthes et al., *Entering the Land of Paradise: Art, Tradition and Belief in the Royal Funeral and Ritual*, Phiphat Krachaechan (ed.) (Bangkok: Museum Siam, 2017), p. 322.

圖4-25　潑水節那伽禮車
　　　　圖片來源：寮國琅勃拉邦，2018，張雅梁攝。

　　美蓬國王（King Rama IX, 1946-2016）駕崩後，其2017年國葬
使用的出殯禮車，同樣是以那伽做為主體設計。在泰、寮文化
中，那伽的行動力很強，祂護佛護王，能飛天遁地，是守護神
的第一把交椅。

　　灑水儀式器具（Hang Hode Song）是一種浴佛、浴僧的祈
福儀式，也是儀式用品名稱，整體設計為那伽造形，以一根中
空的3米或3米半的橫長木作為那伽的身體，木頭的頂端雕成那
伽的形狀，並於長木的底部鑿洞形成水道，當信眾從那伽頭部
的前端注水時，水流會緩緩經過那伽中空的身體，由那伽的底
部涓涓流下（圖4-27）。因為那伽掌水、親佛，所以寮國和伊

圖4-26 皇家那伽喪禮車
圖片來源：寮國琅勃拉邦香通寺，2017，張雅梁攝。

圖4-27 灑水儀式器具
圖片來源：寮國琅勃拉邦Vat Sirimoungkhoun Sayaram，2018，張雅梁攝。

森地區古時的出家儀式或新年的潑水習俗會用灑水儀式器具來
浴佛和浴僧。[22]相較之下，寮國的那伽澆水儀式保存較好，伊
森地區近幾年力推在地智慧，對失落的舊習俗，也漸漸有復興
之勢，像泰國烏汶府於2018年潑水節時就配合當地旅遊政策，
推出灑水儀式的浴佛體驗活動。[23]

---

[22] Thongmy Duansakda (ed.), *Vat Sisaket in Vientiane: Story, Art and Architecture Lao Cultural Heritage*, K. Kangphachanpheng translated (Vientiane: publisher not identified, 2009), pp. 76-77.

[23] Guideubon, "เซ็นทรัลอุบล จัดงาน สงกรานต์ลานธรรม ฮางฮด รดน้ำพระแก้ว," https://www.guideubon.com/2.0/songkran-festival/hanghod-central-ubon/, June 2, 2023.

第五章　那伽藝術的發展

一、從文學、美術到藝術

　　泰、寮那伽藝術的演變是從文學、美術到藝術的發展歷程，其由文學跨域進入美術，再透過美術拓深至藝術領域，透過佛經與那伽民間故事所呈現的那伽形象，長久以來被應用於佛教美術，使那伽由文學想像具象為視覺形象，變成佛寺重要的護法神。隨著佛寺建築的的仿製與傳播，不僅讓「那伽」成為了北東南亞的共享文化，也蓬勃了那伽藝術的發展，在文化產業的推動下，那伽變成藝術創作的元素，除前一章提及的的佛寺雕塑、建築裝飾、壁畫與佛寺用品外，還陸續出現各種文創商品，如那伽容器（บายศรี／ບາຊິ, Bai Sri 或 Bai Si）、布織品、護身符、動畫、戲劇與當代藝術等等。那伽從文學、美術發展成藝術的過程，不管是形式或內容，都有明顯的變化。

二、那伽形制探討

　　那伽藝術與區域的關係，可從各地的創作形制觀察到相應

的變化，就北東南亞來說，那伽造像因地制宜，若從柬埔寨暹粒沿湄公河上游走，可看見那伽造形的變化，大體上那伽的形制可分為「高棉形制」（Khmer form）與「泰式形制」（Thai form）兩大類。必須說明的是，在高棉形制之前，有墮羅鉢底造形，之後也有華富里藝術，但這三者的那伽造形極為相似，就作品的數量與流布範圍而言，高棉形制曾為時代主流，因此本章論述以高棉形制為主。另外，寮國和緬甸雖然也有自己的設計手法，但相對泰式形制而言，特色並不鮮明，因此就整體來說，高棉形制與泰式形制還是北東南亞那伽造形的兩大樣式，兩者的差異顯見於「那伽王護佛」的造像。

那伽王護佛像自墮羅鉢底時期以來就受歡迎，此類雕像延續到吳哥帝國後，成就了後續的高棉風格。當吳哥帝國落沒後，一種新興的泰式設計隨之在泰地蔓延開來，於是，泰地所設計的那伽王護佛像逐漸取代高棉形制而成為泰國的主流形制，直至今日，泰式設計不僅流行於泰國，也傳播到寮國、緬甸和中國等地。

高棉形制和泰式形制的那伽王護佛像分別標示了不同時代的設計，兩者的造像特色如下：

（一）高棉形制

墮羅鉢底時期就有那伽王護佛像，從該時期遺留的古文物可知當時的形制大體如下：

　　龍王常將七個小龍頭併排起來，又各自把頸部的蹼狀物
延展開來，整個頭部跟頸部構成傘蓋般的屏障，護衛在
佛陀的頭上。同時，龍王用自己長長的身體一圈圈盤
起，上下數圈當作佛陀的「座墊」，將佛陀抬高，座墊
為一或三層。[1]

　　之後，高棉的那伽王護佛像形制延續墮羅鉢底的設計，但
在整體外形、那伽王尺寸和小那伽頭的擺向上做出變化。筆者
依各地蒐集的那伽王護佛像，歸納其特色於下：

　　那伽王護佛上的那伽聚集成菩提葉形，其中以七頭那伽
最常見，那伽無頭冠且凸出的嘴巴緊閉；中間的那伽王
頭形最大，目光直視前方，兩旁的小那伽，頭形略小，
上下層次排遞，眼光一致望向那伽王。那伽胸前與背後
或刻有圓形徽章，身軀圈盤數層，高高抬起中央的佛
陀。至於那伽的五官、紋路、表情、身體厚度、圈盤數
和徽章紋樣，則依藝師想像而有不同表現（圖5-1）。

　　高棉形制在吳哥窟或伊森的高棉古寺隨處可見，其設計以
七頭那伽最為常見，就吳哥窟那伽橋為例，橋上的那伽頭部大
展，聚集成菩提葉形，彷彿盛怒的眼鏡蛇王，隨時備戰（圖

---

[1]　嚴智宏，〈南傳佛教在東南亞的先驅：泰國墮羅鉢底時期的雕塑〉，頁18。

5-1 5-2 圖5-1 那伽王護佛像（高棉形制）
圖片來源：11-12 世紀，泰國訶叻府 Phimai Historical Park，2016，張雅梁攝。

圖5-2 吳哥窟那伽
圖片來源：柬埔寨暹粒吳哥窟，2018，張雅梁攝。

5-2）。表情上，那伽大鼻、裂嘴，蛇頭正反兩面均有那伽形貌，現憤怒狀，這是特色；中間的那伽王頭形最大，目光兇惡、直視前方，兩旁的小那伽，頭形略小，上下層次排遞，眼光一致望向那伽王，聽令行事。另外，由於那伽為水精靈，所以高棉人以水紋裝飾其頭、頸部，並在那伽的前胸與背後或刻上圓形徽章。相較於頭部的細緻水紋，那伽身軀素樸許多，沒有過多綴飾，筆直打造成為橋樑，表達承載與接引之意。

（二）泰式形制

從高棉形制轉向泰式形制有過程，但現有的證據只能評判出兩者形制上的差異，還無法得知產生變化的原因，但可以確

定的是，那伽形制從吳哥進入泰地後，便開始發生變化。泰國
學界約從20世紀開始使用「華富里藝術」一詞指稱受高棉風格
影響的藝術品及在泰國境內發現的高棉藝術，泰國藝術史學家
迪薩坤王子（Prince Suphatradis Diskul, 1923-2003）於1960年代
曾解釋過華富里藝術，定義它為「在泰國所發現的模仿柬埔寨
高棉藝術的古物及古蹟遺址」，並說明華富里時期的藝術是屬
於高棉風格，雖然模仿高棉藝術，但保有一部分的泰國特色，
具有特殊的外觀。[2]某個程度來說，華富里藝術可理解為是高
棉形制轉向泰式形制的過渡期，高棉藝術進入泰地後產生變化
後，形成泰人認定的華富里藝術，之後脫離高棉統治與其藝術
的影響，漸次發展出泰式設計。

　　以那伽造像為例，伍德沃得（Hiram Woodward）曾比較
過高棉和華富里的那伽王護佛像，發現高棉和華富里的那伽像
胸前都有徽章設計（圖5-3），但華富里學派的徽章尺寸明顯
縮小，只有高棉造像的一半大小，這項改變成為日後辨識華富
里學派的重要特色。[3]至今，圓形徽章仍是泰國那伽雕塑的標
誌，只是內部紋樣會依地區和藝師而有所變化。那伽造形從高
棉形制發展成華富里藝術後，雖然造像內容有些許不同，但整

---

[2]　Praphat Chuvichean, "Lopburi-Khmer Art in the Land of Thailand: Rethinking the Art Terminology," in Sujit Wongthes (ed.), *Where Is Khmer? Thailand Is Right There* (Bangkok: Fine Arts Department, 2014), pp. 46-48.

[3]　Hiram Woodward, *The Art and Architecture of Thailand* (Leiden; Boston: Brill, 2005), pp. 161-162.

體造形還是以高棉形制為主。

　　直到那伽「頭冠」的出現，才形成高棉形制與泰式形制的主要差異。這類頭冠那伽在泰國稱為泰式形制，其工法明顯與高棉形制不同，最明顯的差異就是將高棉形制的菩提葉改為光芒狀，並在那伽頭部新增頭冠，而那伽的頭數、尺寸、五官、嘴形、身體層數與面向之處，都依藝師自由創作，使那伽看起來鮮明生動，其形制的特色歸納如下：

　　　　那伽王護佛上的多頭那伽不相連，但聚集於佛陀背後形
　　　成光芒狀，那伽有明顯的頭冠且五官鮮明；中間的那伽
　　　王頭形最大，目光直視前方，兩旁的小那伽，頭形略
　　　小，上下層次排遞，眼光一致望向那伽王。那伽胸前與
　　　背後或刻有圓形徽章，身軀圈盤數層，高高抬起中央的

佛陀。泰式造形以柔性的視覺效果與藝術創作為特色，
常依藝師的想像而有各種表現風貌（圖5-4）。

那伽王護佛像歷經時代洪流，有不同的時代造像，泰式形
制如今是泰國那伽藝術的特色，在泰國藝師眼中，那伽王護佛
像本身就是一種文創，因此，多元媒材與線條設計也成為泰式
形制的特色。

（三）形制轉變

「頭冠那伽」主要出現於泰國，是近代才出現的一種造
形，發展時間雖然晚於高棉形制，但傳播速度很快，今日的泰
東北、寮北、泰北、西雙版納與緬東都可以看見頭冠那伽的身
影，「頭冠」已經成為北東南亞那伽造像的重要特徵。就藝術
史角度而言，藝術造形之所以發生變化，往往有在地因素來支
撐改變的原因，像西歐哥特式建築（Gothic Architecture）如果
沒有當時教堂重建或擴建的社會需求，也不會導向高聳削瘦的
建築風格，那麼，那伽造形為何會從蛇形轉變成「有頭冠」的
大蛇呢？這個「頭冠」是現在北東南亞那伽的辨識標準，它不
但區辨了那伽與其他神獸的差異，也區別了那伽的藝術風格。

那伽為何會在湄公河區域發展出頭冠造形？依筆者調查，
可能有三個原因：

第一個原因與文學記錄有關，泰人對神獸的想像長年以來
經由佛寺壁畫、建築、民間故事與喪葬習俗四處流傳，直到

1989年由泰國國家藝術家（ศิลปินแห่งชาติ, National Artist）帕萊
暖（Sombat Phlainoi）將這些資料匯整成《喜馬潘森林動物》
一書，[4]書中圖文並茂的介紹一百多種的神獸，讓想像中的神
獸具象展現於泰人生活中，其中也包含那伽在內。

《喜馬潘森林動物》對那伽的描述是：「蛇形，頭部有頭
冠、鬍鬚，天敵為金翅鳥。」[5]一尊有頭冠的大蛇，就是泰人
對那伽長久以來的印象。儘管《喜馬潘森林動物》對那伽形象
的描述和《南傳大藏經》不同，因為《南傳大藏經》裡並沒有
提到那伽具有「頭冠」，但這似乎並不影響後人對那伽的想
法，隨著在地化的變遷，那伽進入湄公河區域後，漸漸發展出
「頭冠」，從蛇形變成有頭冠的大蛇，這個轉變為泰寮人民接
受，並沿用至今。

第二個原因來自於古物的造形，本書第三章已說明那伽和
馬卡拉形象有混用的現象，泰國佛寺建築的「鴟尾」造形後來
以那伽取代馬卡拉，我們從素可泰王國的古建築發現，14世紀
的馬卡拉造像已出現「頭冠」（圖5-5），所以「頭冠」造形
極有可能也隨之附加到那伽身上，久而久之就變成現在那伽創
作的樣版。

第三個原因則是民間資料的解讀，湄公河流域自古流傳著
許多那伽故事，也有少數人信誓旦旦地說親眼見過那伽，甚至
有些佛寺供奉那伽頭冠骨（หงอนพญานาค，圖5-6），這些來自

---

4   Phlainoi, *Animals of Himmapan*.

5   Phlainoi, *Animals of Himmapan*, p. 202.

5-5 5-6

圖5-5　素可泰時期的馬卡拉頭冠
　　　圖片來源：14世紀，泰國素可泰府蘭甘亨博物
　　　　　　　館，2022，張雅梁攝。
圖5-6　那伽頭冠骨
　　　圖片來源：泰國農開府 Wat Phra That Klang
　　　　　　　Nam，2017，張雅梁攝。

於民間的田調資料讓湄公河流域的居民深信，那伽是有頭冠的
大蛇，真實存在。

　　上述的文學、古物與民間資料，在在加深人們對那伽頭冠
的印象，並透過工藝與傳播形成主流的那伽形制。在頭冠造形
的基礎下，各地藝師會根據在地的傳說、想像與創意，幫那伽
添加翅膀、魚鱗、魚尾、膝足或摩尼珠等，於是造就了今日泰
式那伽的風貌，也與昔日高棉形制的那伽區隔開來。

三、多元化的那伽藝術

　　那伽形象會隨著空間和時間因素而有所變遷，空間因素
上，那伽原型雖源自印度神話，但流傳至東南亞後，受到當地
巨蛇崇拜的影響，漸漸發展出佛教和本土兩類那伽形象，各有
文化意涵；而在時間因素上，那伽造形主要有高棉形制和泰式

形制，兩者的設計不同。因此，那伽的兩大形象與兩大形制就形成了那伽藝術的創作元素。

在藝術潮流引領下，當代的那伽藝術不再侷限於佛寺美術，而是走出佛寺，創造各式各樣的那伽商品，如雕塑、壁畫、護身符、布織品、戲劇、動畫、展覽、當代藝術與網路表情包等等，這些文化商品有不同的功能與形式，連媒材也十分多樣。

那伽藝術之所以能多方發展，主要是受到科技、藝師和文化創意產業的影響，使那伽從原本的宗教神獸轉變為文化商品，這個伴隨社會變遷而來的轉折讓那伽藝術的產製過程形成一套模式，使那伽創作在佛教形象、本土形象、高棉形制與泰式形制的文化脈絡下，結合時代因素，發展那伽藝術的更多可能性。[6]泰寮那伽藝術的項目眾多，其展現模式經常結合節慶、文創與社區營造，因此筆者僅就數例，說明如下：

（一）節慶

泰、寮兩國的文化政策都強調「在地智慧」，說明兩國政府對文化觀點的轉變，已不同於以往訴求一元化的泰化或寮化政策，而是轉向支持文化多樣性，注重區域發展。[7]以泰

---

[6] Ya-Liang Chang, "Exploring Application Modes of Visual Arts: Naga Images of Thailand," *Asian Journal of Arts and Culture* 22.2 (2022), pp. 1-11.

[7] 張雅梁，〈泰國泰族特性的轉變：以水牛樂團和Pi Bird皇家歌曲歌詞為例〉，《文化研究》21（2015年12月），頁122。

圖5-7　那伽火球節
圖片來源：泰國農開府 Wat Thai，2017，張雅梁攝。

國而言，那伽是泰東北的在地智慧，不少當地政府以那伽文化作為地方特色，至今伊森地區已擁有多項那伽無形文化資產，如「火箭節」（ประเพณีบุญบั้งไฟ, Rocket Festival）於2013年被收入泰國國家級無形文化資產名錄，[8]而農開府的「那伽火球節」（เทศกาลออกพรรษาบั้งไฟพญานาคโลก, Naga Fireball Festival）和那空帕農府的「燈船節」（ประเพณีไหลเรือไฟ, Fire Boat Festival），雖沒有列入國家非遺項目，但這些節慶都也是泰東北著名的那伽慶典（圖5-7）。

　　不管是火箭節、那伽火球節還是燈船節，都是以那伽做為慶典的主形象，如火箭的造形、燈船、舞台設計以及節慶海報等，都是那伽主題的藝術表現。寮國也有相同的節日，如琅勃拉邦的潑水節就結合「火箭施放」的活動歡慶新年，但由於寮

[8] The Department of Cultural Promotion, *The Thai Intangible Cultural Heritage List 2013*, pp. 104-105.

國的觀光行銷和基礎建設薄弱，較不利於推展那伽慶典，以致很多觀光客都不知道寮國也有那伽節慶。

（二）文創商品

那伽有驅邪保護的力量，因此泰寮人民喜歡製作那伽文創商品，祈求吉祥平安，舉例如下：

1. 那伽容器

盛裝供品的容器，泰、寮人稱為Bai Sri，有「用米做功德」或「吉祥米」之意，它是用芭蕉葉做成的一種精美器具，通常會佐以鮮花裝飾內外。在婚禮、滿月或各項儀式裡，人們會使用這類容器裝入煮熟的米飯、菜餚及甜點，敬供於儀式中。皇家和平民使用的供品容器並不相同，皇家容器專門用於皇家儀式，不同於平民用於民間慶典上的器具。供品容器依尺寸分為兩種，一種是小型的供品碗，另一種是大型的供品樹，依不同的儀式慶典使用。[9]

供品容器是泰、寮人民的祭祀用品，伊森地區由於崇拜那伽，所以會以那伽的造形來製作供品容器，伊森人稱為「那伽容器」（圖5-8）。那伽容器大多以芭蕉葉製作，但芭蕉葉無法久放，後來就有人改用七彩緞帶、彩布或塑膠片取代芭蕉

[9] Benjamas Patong and Sivaporn Sakunathawong, "Bai Sri," in *Thai Youth Encyclopedia*, Vol.38, No.2 (Bangkok: Thai Youth Encyclopedia Project by His Majesty the King, 2012), pp. 31-32.

5-8	5-9

圖5-8　那伽容器
　　　圖片來源：泰國那空帕農府河濱公園，2016，張雅梁攝。
圖5-9　潑水節使用的供品容器
　　　圖片來源：寮國琅勃拉邦香通寺，2018，張雅梁攝。

葉，製作能久放的那伽容器。

　　那伽容器有那伽護佛的涵意，也與佛教聖僧烏波庫（Uppakrut or Upaguta）的故事有關。烏波庫與那伽的故事來自寮國，傳說佛陀曾被一名弟子嘲笑他的男子氣概，於是佛陀將自己的精液丟入湄公河，剛好被經過的魚神南瑪莎（Nang Matsa）吞下。幾個月後，南瑪莎生下了烏波庫，因此湄公河畔的居民便將那伽視為烏波庫的化身。[10]這則傳說影響了伊森的習俗，當地居民會象徵性的在儀式慶典上擺上那伽容器，等同迎請聖僧烏波庫到場加持，讓儀式圓滿順利。

---

[10] John S. Strong, *The Legend and Cult of Upagupta: Sanskrit Buddhism in North India and Southeast Asia* (Princeton, NJ: Princeton University Press, 1992), p. 220.

圖5-10　那伽布織品
　　　　圖片來源：泰國那空帕農府傳統市場，2016，張雅梁攝。

　　寮國也使用供品容器，其形制常以芭蕉葉做成小圓錐，再搭配鮮花使用（圖5-9）。相較之下，寮國的工藝沒有伊森那麼多變化，因為寮國的藝術人才與資源不及泰國，因此像供品容器這類的手工藝品，也明顯少了創意。

2. 布織品

　　2023年聯合國教科文組織將「寮國人社區那伽編織傳統工藝」列入《人類無形文化資產代表作名錄》，因為對寮國人而言，織有那伽圖案的紡織品是他們生活的重要必需品，從出生到老的歲時祭儀中，寮國人都會使用那伽布織品，他們相信那伽圖騰可以保護嬰兒免受邪靈侵害、保佑各種儀式順利進行，即便死後，那伽也能護送亡靈進入天堂，在寮國人心目中，那伽就是守護與吉祥的象徵。[11]

11　UNESCO, "Traditional craft of Naga motif weaving in Lao communities," Intangible Cultural Heritage Lists, UNESCO, https://ich.unesco.org/en/RL/traditional-craft-of-naga-motif-weaving-in-lao-

分德利（Ellison B. Findly）曾調查寮國布織品，指出寮國人稱呼布織品上的那伽圖像為「那伽精靈」。那伽精靈在寮國文化中有食人魔的負面形象，但祂只吃壞人，會保護好人，所以寮國人會將那伽圖像運用於各類織布上，如揹兒帶、頭巾、薩滿醫療布或佛寺門簾上，以保護人的意識與精神免受惡靈干擾。[12]不止寮國人，伊森人也同樣喜愛有那伽圖案的服飾，筆者走訪泰、寮邊境時，多次在伊森市集看見過那伽布織品，當地人認為穿上那伽服飾，可受那伽保護。

3. 手工藝

手工藝為地方產業，項目包羅萬象，由於觀光客喜愛手工藝品，因此泰、寮兩國都有固定的大型夜市行銷在地工藝品。如琅勃拉邦夜市就有很多的手工藝攤位，商品琳瑯滿目，其中也包含了那伽的文創品與繪畫（圖5-11）。

以那伽為主題的手工藝品還有那伽護身符，這在伊森經常可見，一般佛寺或市集都有販售，農開府也有專門販售那伽神像與護身符的工作室。

2017年筆者前往農開拜訪工藝師恰哥，他是不折不扣的那伽崇拜者，熱愛那伽，也推廣那伽文化。當問及製作那伽工藝的技法時，他如數家珍地解釋工法的實施步驟、名稱、做法與

communities-01973, December 31, 2023.

[12] Ellison B. Findly, "A Protective Spirit in Lao-Tai Textiles: The Pii Nyak and Its Indian Antecedents," *The Journal of Lao Studies* 2.2 (2011), p. 44, 54.

5-11 5-12 圖5-11　那伽繪畫
　　　　圖片來源：寮國琅勃拉邦夜市，2018，張雅梁攝。
　　圖5-12　那伽護身符
　　　　圖片來源：泰國農開府 Cha 工作室，2017，張雅梁攝。

線型設計，相當專業。離開前，恰哥還特地送了筆者一尊他親
手製作的那伽護身符（圖5-12），他說，對伊森人而言，那伽
是護佛護民的第一守護神，那伽工藝品不只是物件，還具備文
化意義，將那伽護身符戴在身上，能保佑一切平安。[13]

（三）社區造景

　　泰東北和寮北的社區也有以那伽設計為主的地景，如近年
成為打卡熱點的伊森泰佛寺（Wat Thai）和琅勃拉邦的普西山
就有著名的那伽地標。

　　泰、寮邊境的泰佛寺建於西元1777年，位於農開府彭媲色
縣內，緊鄰湄公河畔，與寮國隔河相望。這座偏鄉小寺因那伽

---

[13] 張雅梁，2017年1月9日，農開府農開市，訪談人：工藝師恰哥。

火球節而聲名遠播，故名列伊森的重點佛寺。神祕的那伽洞穴
（ถ้ำพญานาค）一直是湄公河居民津津樂道的話題之一，據說
那伽居住於水底幽冥世界，常經由洞穴、深淵往返人間，所以
出現過神祕蛇紋的洞穴，都有可能是那伽出沒的地點。而彭媲
色的泰佛寺剛好有一處那伽洞穴，當地居民視其為那伽王的出
入門戶，寺方為方便信眾朝拜，便將此洞穴建造成那伽聖地。

　　泰佛寺內外的建物多以那伽為主題，堪稱是那伽美術的典
範。寺內2007年新建的佛殿建立於那伽洞穴之上，傳說那伽王
曾托夢給泰佛寺的老住持，請求住持幫忙建立神聖的幽冥世
界；夢醒後老住持依照夢中那伽王的指示，延請鄰近加拉信府
（Kalasin Province）的工藝師設計那伽洞穴，歷時四至五年完
成大型的那伽建築。[14]該建築緊鄰湄公河畔，面向湄公河，氣
勢磅礴，建築體複合了巨型那伽王護佛像、那伽雕塑、城柱以
及那伽洞穴，現已成為當地的重要景點（圖5-13）。

　　另外，琅勃拉邦的普西山也是以那伽設計聞名，琅勃拉邦
地處湄公河支流南康河流域內，當地人相信那伽就住在河底，
因此普西山從山下到山上都可以看見那伽階梯，且山上的佛像
周圍都有那伽守護於外（圖5-14），形成當地的地景特色。

　　在文創產業與科技的影響下，那伽不僅藝術化也商品化，
這使得人們對於那伽的理解不再只限於宗教上的意義，相反
地，人們通過戲劇、動畫、節慶、展覽或虛擬世界的手遊情節

---

[14] 張雅梁，2017年10月7日，農開府彭媲色市，訪談人：泰佛寺師父。

來想像並創造那伽，賦予祂新的文化意涵，使那伽的文化意義比以往更豐富，也讓那伽的藝術造形藉由媒材、形式、線條、顏色、技法、形狀與表情等，更趨多元化。

著名案例來自於泰國那空帕農地方政府，其於2016年在市區河濱公園內，興建了一座大型七頭那伽王雕像（4.49 m × 10.9 m × 16.29 m），這項裝置藝術反轉了那伽以往的宗教形象，使其不再依附於佛陀或印度教神祇之旁，而是獨自造像，強化那伽王是當地保護神的意象（圖5-15）。此種運用藝術修正傳統形象的手法，改變了人們觀看那伽的視覺效果。

5-13

圖5-13　那伽主題建築
圖片來源：泰國農開府泰佛寺，2017，張雅梁攝。

5-14

圖5-14　那伽社造地景
圖片來源：寮國琅勃拉邦普西山，2018，張雅梁攝。

　　另外，近年很受歡迎的泰劇，包括戲劇、電影和流行歌曲等，也都紛紛以那伽為主題進行創作。像2016年的《三面娜迦》（เจ้าแม่นาคี）一播出就勇奪泰國電視台的年度收視冠軍；2018年加碼拍攝電影《妒火的詛咒─娜迦》（นาคี๒），叫好叫座，還榮獲2019年泰國電影金鵝獎（Suphannahong National Film Awards）最佳電影主題曲、最佳造型設計與最佳視覺效果三項提名，一路造就泰劇新風潮迄今。

　　那伽劇的創作靈感來自於那伽民間故事，強調那伽的人性與愛恨情仇，這與佛教故事中那伽持戒的刻板形象完全不同，也是那伽劇之所以吸引人的原因。透過戲劇傳播，觀眾不但愛看那伽的故事，也會對那伽進行討論與再造，包含新創那伽的故事、意義與形象等，這些豐富的創造力使得那伽藝術的發展更為多樣。

圖5-15　七頭那伽王裝置藝術
　　　　圖片來源：作者不詳，2016，
　　　　　　　　黃銅，泰國那空帕
　　　　　　　　農府河濱公園，
　　　　　　　　2016，張雅粱攝。

第六章　那伽藝術區域分析

一、區域藝術建構論

　　本書第一章以符號學分析那伽美術的多義性，符號學雖能解釋在地特色，但不能處理共享文化，因為它沒有區域論述，這是符號學理論的侷限，所以透過跨域研究，可以幫助我們將事物看得更加全面。例如泰、寮那伽藝術的區域特色分析，涉及共享文化與跨國的因素，兩地的那伽藝術會因地制宜，呈現同中有異、異中有同的現象，由於涉及區域論述，因此本章結合藝術與區域研究，提出「區域藝術建構論」，並繪製成圖，藉此分析泰、寮的那伽藝術。

　　那伽文學轉向藝術的過程屬於美學實踐，而藝術創作的場域涉及人、地、事、物等因素，「場域」是布赫迪厄的重要論述之一，他對場域的定義是：

　　場域是指一個獨立的社會範圍，有自己的運作法則，這
　　些運作法則是獨立於政治和經濟規範之外的。[1]

　　對布赫迪厄而言，「場域」是一個可以幫助人們跳脫偏狹
視野的工具，用以理解個體的經驗是如何不由自主地束縛了個
人的認知，就像古典的認識哲學所教的那樣，如果我們只從主
體裡面尋找主體所建立的客觀知識有哪些可能性的條件和限
制，是不夠的，應該要將視野拓展到主體之外，從科學所建立
的客體中，去尋找「主體」的可能性社會條件和客觀化因素，
如此才有可能理解場域帶給主體的限制所在。[2]

　　布赫迪厄述及「主體之外」的觀點，事實上已經為傳統的
藝術理論打開新視野，但這還不能全然解讀藝術與區域的關
係。傳統論述藝術創作時，論述中心主要環繞於「藝術品」、
「藝術家」和「閱聽人」之間的關係，較少關注到這三者對內
凝聚的「在地智慧」與其所處的「區域」關係，因此筆者以藝
術結合區域觀點，提出區域藝術建構論，將藝術所處的區域細
部化，跳脫既有視野，討論「區域」對藝術創作的影響。

　　區域藝術建構論主張藝術創作主要是受到藝術品（art）、
藝術家（artist）、閱聽人（audience）、區域（area）和在地智

[1]　Pierre Bourdieu, R. Johnson (ed.), *The Field of Cultural Production: Essays on Art and Literature* (New York: Columbia University Press, 1993), p. 162.
[2]　皮耶.布赫迪厄（Pierre Bourdieu）著，《藝術的法則：文學場域的生成與結構》，頁320-321。

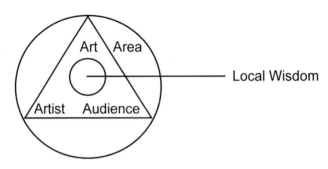

圖6-1　區域藝術建構圖
　　　　圖片來源：張雅梁繪圖

慧（local wisdom）五個元素相互作用的影響，是在傳統的3A（art, artist, audience）觀點下加上區域（area）的概念，形成4A觀點，進而探討在地智慧和各元素之間的結構關係，為論述方便，筆者將區域藝術建構論圖示為圖6-1。

　　區域藝術建構論的各個元素互為作用，其中藝術家、藝術品和閱聽人共同形塑出各區域的在地智慧，而在地智慧是一種意識，會反饋影響藝術家、藝術品和閱聽人，包含創作動能和對社會現象的認知等，並與各元素形成交互循環的作用。就學理而言，區域藝術建構論與李維・史特勞斯（Claude L'evistrauss）、格里斯伍（Wendy Griswold）以及布赫迪厄的學說有相似處，其間最大的差異在於區域觀點。首先，史特勞斯曾述及社會現象、藝術品和公眾的關係：

　　　　社會現象是公眾造成的，藝術品則是為公眾而創造；公

眾使兩者具有同一個公分母與衡量的準繩，同時決定兩
者的創造條件。[3]

　　從史特勞斯的論述省思區域藝術建構論，區域藝術建構論
的在地智慧、藝術品和閱聽人的互動模式就像史特勞斯所觀
察的社會現象、藝術品和公眾的關係，不同的是，區域藝術
建構論加入區域觀點。再者，格里斯伍用文化菱形（cultural
diamond）來解釋社會現象，目的是為了要更完整的理解文化
物件（cultural object）與社會世界的關聯；格里斯伍將文化菱
形的理論圖示成菱形圖，圖中包含了「社會世界」、「創造
者」、「文化物件」和「接收者」四個預設元素，元素間存在
關聯，但沒有固定對應關係。[4]細究區域藝術建構圖（圖6-1）
和菱形圖的內容，兩者論述十分相似，但前者強調元素間相互
作用，且以「在地智慧」交會彼此，這是區域藝術建構論和文
化菱形論的不同處。

　　最後談布赫迪厄的場域論，這項立基於符號學和結構主義
的理論，主張凝視作品時應慮及作品社會空間的關係分析和歷
史發展，如對創作者與觀賞者的個別與集體的階級慣習、場域
位置、作品收藏關係，以及文化場域在權力場域中的位置等因

---

[3]　李維・史特勞斯（Claude L'evi-strauss）著，王志明譯，《憂鬱的熱帶》
　　（臺北：聯經出版社，1989），頁155。
[4]　格里斯伍（Wendy Griswold）著，黃信洋、曹家榮等合譯，《變動世界中
　　的文化與社會》（臺北：學富文化出版社，2008），頁25。

素都包含在內。[5]布赫迪厄用「場域」解釋藝術的生成法則，認為藝術是藝術場域的產物，美學感知的相對性不是經由給予，而是被歷史生產與再生產的過程，這種具有歷史感的藝術場域產物，會在每個潛在的藝術作品與消費者身上，通過一種特定的訓練再被生產出來。[6]意即，布赫迪厄所關心的藝術場域是一個具歷史感的循環概念（生產與被生產），而藝術品的產生過程，是一場與藝術家、閱聽人或其他因素所互動後的結果，當此結果產出時，藝術品仍持續在這場域中發揮影響。本文「區域藝術建構論」所要傳達的藝術品產制循環機制和布赫迪厄相同，但布赫迪厄所稱的「場域」概念並不同於「區域」，場域偏向藝術品所在的結構性探討，而不是定調於區域觀察，換言之，「區域觀點」是筆者和布赫迪厄論述上的最大差異。

以那伽藝術為例，布赫迪厄的場域理論雖然可以解釋伊森和寮北各地的那伽藝術現象，但無法說明這兩個區域的共享文化，因為場域理論沒有「區域」的分析項；但區域藝術建構論可以，它一方面能說明共享文化的成因，另一方面，其所具備的「在地智慧」又能破解共享文化的矛盾，凸顯在地精神。

總結來說，「區域觀點」雖然鮮少被藝術研究所使用，但用來解釋伊森與寮北的共享文化卻是恰到好處，它既能微觀地

5　許嘉猷，〈布爾迪厄論西方純美學與藝術場域的自主化：藝術社會學之凝視〉，《歐美研究》，34卷第3期（2004年9月），頁364。

6　Pierre Bourdieu, *The Rules of Art: Genesis and Structure of the Literary Field*, Susan Emanuel translated. (Palo Alto: Stanford University Press, 1996), p. 299.

從其內蘊的在地智慧探討藝術家、藝術品和閱聽人的產制循環
關係，又能宏觀地看到伊森與寮北共享文化的社會層面。

二、區域藝術分析

那伽形制的變化與區域文化有關，每個地方的藝術品都不
是單獨存在，而是與所處的文化情境密切關連。北東南亞那伽
藝術展現以佛寺美術為主，因此筆者用伊森和寮北的佛寺那伽
美術為例，透過區域藝術建構論分析泰、寮的區域藝術。

若將伊森和寮北視為一個大區域，其中位於湄公河兩岸的
泰國農開府和寮國永珍省互為邊境城市，那該區域的那伽美術
在區域藝術建構論下可細分為區域內、區域外與跨境區三種模
式，如圖6-2。所謂「區域內模式」是以地方觀點探討泰、寮
境內各地方的那伽美術；「區域外模式」採用國家觀點論述
泰、寮兩國的那伽美術；至於「跨境區模式」則是從跨國觀
點說明邊境文化融合的現象。此三種模式的運作方式雖相似，
但「區域藝術建構論」的各個元素對那伽美術影響的強度卻不
同，因此形成各區域藝術的特點。

（一）區域內模式

區域內模式的核心論述為「在地特色」，區域內的那伽美
術代表泰、寮兩國境內的地方美術。按筆者先前的調查得知，
那伽美術有地方特色，且地域相近的佛寺往往會呈現相似的那

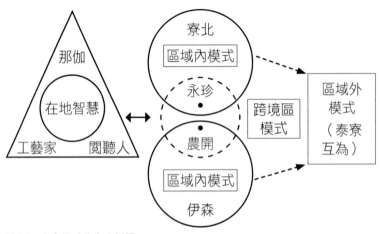

圖6-2 泰寮區域藝術分析圖
圖片來源：張雅梁繪圖

伽美術。[7]筆者依此原則歸納泰國農開府和寮國永珍省的那伽
美術特色，發現農開和永珍的那伽美術特色分別是「人形那
伽」和「那伽山牆頂端」，人形那伽的造像特色為半人半蛇，
而那伽山牆頂端則是將那伽安置於佛寺的最高處，彰顯那伽護
衛佛寺的意義（圖6-3，6-4），這兩項那伽美術分別是農開和
永珍的地方特色。

　　以圖6-2來說，區域內的那伽美術，各自有其在地特色，
一如農開和永珍，而在地特色受在地智慧影響，因為在地智慧
是由藝術家、藝術品和閱聽人所共構的地方意識，這種意識會
循環影響藝術家、閱聽人，並一再形塑出具地方特色的美術

---

[7] 張雅梁，〈泰國東北佛寺之那伽美術考察〉，頁76-79。

6-3　6-4　圖6-3　人形那伽
　　　　　　　圖片來源：泰國農開府泰佛寺，2017，張雅梁攝。
　　　　　圖6-4　那伽與須彌山
　　　　　　　圖片來源：寮國永珍市 Vat Sisaket，2017，張雅梁攝。

品。由於各地的藝師、閱聽人和創作環境都不同，不同的創作
元素所共構出的那伽美術自然有別，而被創造出來的那伽美
術，是具歷史感的產物，當它被生產後，又會再回歸藝術場
域，成為形構在地智慧的小分子，繼續發揮影響，參與那伽美
術「生產與被生產」的循環機制。

　　為了印證理論，筆者在泰國藝師的協助下進入施工現場，
觀察那伽階梯的製作過程。[8]調查發現農開的那伽美術已成為
文化工業的一環，它有一套在地工法流程，也有快速複製的機
器模具。這樣的工法一旦日久傳承，那伽美術就會制式化並營
造出在地風格，形成在地智慧。在地工藝的形塑論點，在三奔
（Tik Sanboon）的研究中也有相同的發現，三奔調查泰、寮湄

---

[8]　張雅梁，〈泰東北與寮北的共享文化：以佛寺那伽美術為例〉，《視覺藝術
　　論壇》第15期（2020年12月），頁70-72。

公河兩岸的佛寺建築時，發現佛寺工藝會因藝師學派而有所不
同，如越南風格或伊森風格等；他同時指出藝師的偏好會形成
地方特色，如伊森藝師喜歡將那伽元素加入設計，以符合當地
信仰，因此造就了當地特色。[9]

　　不同的研究卻導出相同的結論，證實那伽美術的確具有
「地方特色」，那麼，延伸出來的另一個問題是：為什麼某些
形制會特定流行於某些地區呢？如農開的「人形那伽」在其他
地區很難見到，而泰北獨特的那伽形制也不同於泰東北。就區
域藝術建構論而言，藝術品的「在地形制」形成於地方的運作
規則，各地的那伽美術有一套公眾形象來自在地智慧；也有一
套藝師工法來自在地智慧，在地智慧就是長久以來公眾集體意
識的再現，包含了藝師的學派、地方傳統信仰與習俗等，都會
透過在地智慧展現，並影響藝術品。這套運作規則透過在地智
慧不斷循環上演，交互影響著藝術家、藝術品與閱聽人，漸漸
形成那伽美術的在地形制與地區特色。

　　圖6-2中的「區域內模式」所反映出來的藝術建構關係，
凸顯了「在地智慧」的因素，正因為泰、寮各地區有在地的工
法，才使得那伽美術具有地方特色。

（二）區域外模式

　　區域外模式的核心論述為「國別差異」，當理解區域內的

---

[9] Sanboon, "Identity in the Decorations of Local Religious Constructions of the Isaan Region of Thailand and Lao PDR," pp. 48-49.

在地特色後，區域外的泰、寮那伽美術就是比較的概念。以上述農開和永珍的那伽美術為例，雖然是地方美術，但以國別而言，兩者的差異，也可視為是泰、寮兩國的風格差異。表6-1是筆者彙整農開與永珍佛寺的田調資料，依此對照泰、寮那伽美術，發現兩國那伽的主流造形、主題和顏色並無明顯區別，均以具頭冠的大蛇、雙神獸和金、青色的那伽為主；[10]而兩國那伽美術的相異點主要展現於線條設計、文化創意和所處的佛寺位置上，說明如下：

1.線條設計

　　泰、寮藝師認為泰式設計和寮式設計是兩國那伽美術的主要差異，但泰式設計和寮式設計實際上極為相似，從圖6-5可看出兩類設計的線條、構圖與紋樣幾近雷同，外人要區辨兩者的線條設計並不容易，這全賴藝師的主觀判定，而判定標準往往趨於國家認同。意即，在「國家」之前，這兩類線條設計就是不一樣，泰、寮藝師會在國家意識下，強烈排他。這情形如同霍爾（Stuart Hall）觀察早期英、美文化的特徵：「什麼是屬於特定歷史時刻的文化特徵？我不得不說，它被定義為一個強烈的中心，是具有高度排他性的文化認同形式。」[11]泰式設計

---

[10] 有關雙神獸的解釋，請參本書第三章第一節「那伽與馬卡拉」說明。

[11] Stuart Hall, "The Local and the Global: Globalization and Ethnicity," in A. D. King (ed.), *Culture, Globalization, and the World-system: Contemporary Conditions for the Representation of Identity*, pp. 19-39 (Minneapolis, Minn: University of Minnesota Press, 1997), p. 20.

表6-1 農開與永珍佛寺的那伽美術比較表

國家		泰國	寮國
地區名稱		農開	永珍
相異點	線條設計	泰式設計	寮式設計
	文化創意	人形那伽	------
	特殊位置	------	山牆頂端
相同點	主流造形	具頭冠的大蛇	
	流行主題	那伽、雙神獸	
	流行色系	金色、青色	
差異原因	藝師	意識形態與創造力不同	

資料來源：張雅梁整理

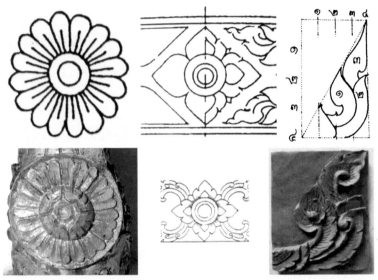

圖6-5　泰式設計（上排）與寮式設計（下排）
　　　　圖片來源：張雅梁整理

和寮式設計也是如此，泰、寮藝術家各自擁護泰式與寮式設計，儘管兩者十分相似，但在名稱與認同上，卻是涇渭分明。

2.文化創意

　　寮國佛寺的那伽造像以單頭那伽居多，不像泰國有許多造形（1、3、5、7、9頭），這是因為泰國的文創產業比寮國進步，所以那伽的形象也比寮國豐富。以人形那伽為例，筆者從未在寮國見過這類文創，說明泰國藝術家具有豐富的文創力，他們有能力將文學中的那伽具象與藝術化，「文創力」是泰、

寮那伽美術的重要差別。

文創涉及產官學，是藝術資本的重要環節，也是泰、寮兩國的明顯差異。就那伽文化而言，寮國於2023年以「寮國人社區那伽編織傳統工藝」成功列入聯合國《人類無形文化資產代表作名錄》，而在寮國申遺的過程中，泰國美術局文史辦公室（Office of Literature and History, The Fine Arts Department）便在曼谷舉辦前所未見的「那伽」學術研討會（2022），目的是要從文、史、藝術和民俗等面向收集泰國的那伽資訊，持續開展各式的那伽文化活動。[12]

泰國這項那伽計畫很明顯是針對寮國申遺而來，在共享那伽文化的基礎下，泰國面對寮國世界級的申遺舉動，其應對之道就是要證明「那伽也是泰國的文化資產」，所以泰國官方透過「那伽」研討會啟動產官學，希望透過文化產業的力量，發展泰國的那伽文化，藉此抗衡寮國的那伽非遺。此舉是泰國對寮長期施展的文化策略，其所倚賴的，正是文創能力，因為泰國在文化產業上的各個面向都有人才，可以透過文創打造屬於泰國的文化亮點。

相對地，寮國雖然有優美的那伽傳統文化，但缺乏文創人才、有序的文化產業鏈與產官學制度，所以即便擁有世界級的那伽文化，卻難以利用這項資產進行多元的文創，也不容易將其發揚光大。文創是寮國的困境，但它卻是泰國的優勢，以佛

---

[12] Office of Literature and History (ed.), *Documents of the Academic Seminar on "Naga" in Thai Culture*, pp. 1-2.

寺的那伽美術而言也是如此，現階段無論是創意、工法或品
質，泰國那伽美術的表現都比寮國有新意。

3.佛寺的位置

　　泰、寮佛寺的那伽裝飾通常會出現在佛寺建築的山牆雕
花、撐拱、壁畫、門窗和階梯上，這是佛寺常見的一般設計，
比較明顯的差異在於佛寺屋頂的裝飾。泰、寮佛寺的最高點為
山牆頂端，相較於泰國，那伽山牆頂端是寮國佛寺的重要特
色，目前只有泰東北少數古寺仍保有那伽山牆頂端，其他地方
已不復見，所以那伽山牆頂端也是辨別泰、寮那伽美術的指標
之一。

　　綜上所述，以區域藝術建構論分析區域外模式的那伽美
術，會發現「藝術家」此一因素主導了兩國的藝術風格，因其
意識形態與創造力的差異，讓泰、寮兩國的那伽作品在線條設
計、文化創意和佛寺位置上產生差異。

（三）跨境區模式

　　跨境區模式的核心論述為「文化融合」，跨境區模式是區
域藝術建構論中最複雜的一類，以邊境城市農開和永珍為例，
其主體民族同為佬族，因此有共通的文化；但隨著國界變遷，
佬族成為跨境族群後，在泰、寮政府意識形態的操作下，湄公
河兩岸的佬族族質（ethnicity）開始產生差異，這個從相同到
相異的過程，影響了藝術創作，使得跨境區的那伽美術呈現既

相似又相異的特質。

　　農開與永珍佛寺的那伽美術之所以有共同點在於兩地曾共享相同的佛寺建築文化，所以兩地的那伽造形主要都是有頭冠的大蛇（圖6-6，6-7），也會以那伽造像裝飾佛寺；但當湄公河形成國界後，這兩座城市互為邊境，境內的佛寺建築的樣式就產生了變化。

　　農開與永珍的佛寺建築以辛建築（ສິມ／ຊິມ）最常見，[13]這類建築由地基、主體和屋頂三部分組成，當地人喜愛在建物外牆彩繪佛教故事、幾何紋、傳說英雄人物或神獸等圖案，久而久之形成辛建築的一大特色（圖6-8）。[14]早期，農開與永珍的辛建築十分相似，常以那伽山牆頂端裝飾佛寺，但泰、寮國界劃分後，伊森地區因為泰化政策和伊森佬族意識形態的轉變，使得伊森的辛建築紛紛改建成泰式建築（圖6-9）。伊森辛建築的式微，從拉瑪四世時期就開始，之後拉瑪五世（King Rama V, 1868-1910）在位時，透過在地僧侶的力量，讓伊森的佛教建築轉型，如今的泰式建築早已取代辛建築成為主流，現在要在泰東北找到舊時期的辛建築反而是一件困難的事。[15]泰

---

[13] 伊森的辛建築就是泰國中部的戒堂。

[14] Khamsouk Keovongsay, "Vientiane-Sim: Form, Aesthetic, and Symbol," *Journal of Fine and Applied Arts, Khon Kaen University* 8.2 (2016), pp. 46-47.

[15] 參Bonnie Pacala Brereton and Somroay Yencheuy, *Buddhist Murals of Northeast Thailand: Reflections of the Isan Heartland.* (Chiang Mai: Mekong Press, 2010), p. 9; Duansakda (ed.), *Vat Sisaket in Vientiane: Story, Art and Architecture Lao Cultural Heritage*, p. 57;

6-6	6-7
6-8	6-9

圖6-6　伊森那伽造形
　　　　圖片來源：泰國農開府 Wat Yot Kaeo Siwichai，2017，張雅梁攝。

圖6-7　永珍那伽造形
　　　　圖片來源：寮國永珍 Vat Michai Ya Ram，2017，張雅梁攝。

圖6-8　辛建築壁畫
　　　　圖片來源：泰國孔敬府 Wat Sanuan Wari Phatthanaram，2016，
　　　　　　　　　張雅梁攝。

圖6-9　泰式戒堂
　　　　圖片來源：泰國農開府 Wat Pho Chai，2017，張雅梁攝。

國政府強行介入的作為，改變了伊森佛寺建築的地貌，也影響了伊森佬族的價值觀：

> 村民（伊森佬族）的觀念和信仰產生改變，他們不再喜歡舊戒堂簡單小巧的風格，轉而喜愛像泰國中部地區那樣輝煌和宏偉的建築風格。[16]

泰化政策和伊森佬族價值觀的改變，讓農開乃至整個伊森舊有的辛建築逐步消失，連同裝飾辛建築的那伽山牆頂端也隨之拆毀，於是，兩地佛寺的那伽美術開始出現相同又相異的現象，少數佛寺保留傳統的那伽山牆頂端，但更多佛寺選擇創新，藉此區隔泰、寮文化。

從區域藝術建構論剖析跨境區模式，可觀察到跨境族群對藝術創作的影響，跨境族群涉及了區域藝術建構論中的「閱聽人」及「區域」因素，對湄公河兩岸的佬族而言，他們本為一家，但國別使他們成為跨境佬族，跨境族群的歷史與身分，讓他們的作品呈現相同又相異的特色。如同農開和永珍兩地的那

Thaipat Puchidchawakorn, "Lan-Chang Ordination and Wihara Halls in Thailand," *NAJUA History of Architecture Thai Architecture* 9 (2013).

[16] Thaipat Puchidchawakorn, "Ubosoth-Vihara of Lan Chang Architecture: Styles, Characteristics, Developments and Transformations," *NAJUA History of Architecture Thai Architecture* 11 (2014), p. 301.

伽美術，因「同為佬族」而共享，但也因「泰、寮佬族」這個
國別區域因素而產生差異，對跨境區的美術表現而言，跨境族
群會促進異文化交融，同樣也會讓共享文化產生差別。

　　農開和永珍的那伽美術高度相似，顯示出泰、寮文化光譜
的交會，不管雙方國族、國界再怎麼努力切割，兩地長久以來
的族群關係，仍會透過那伽美術而有所牽連，形成跨境美術既
相同又相異的特點。

　　綜上，筆者以區域藝術建構論解析伊森和寮北的那伽美
術，說明泰、寮共享的那伽美術呈現出三種區域藝術模式：

　　第一，區域內模式，其為泰、寮境內的地方美術，受到
　　　　　「在地智慧」因素的影響而具備在地特色。
　　第二，區域外模式，呈現出境外的美術特色，受到「藝術
　　　　　家」因素的影響，使得泰、寮兩國的那伽美術產生
　　　　　差異，主要表現於線條設計、文化創意和佛寺位
　　　　　置上。
　　第三，跨境區模式，受到跨境佬族的影響，包含「閱聽
　　　　　人」與「區域」的因素，使得那伽美術因佬族文化
　　　　　而相似，但也因國族認同而相異。

　　那伽美術為伊森與寮北的共享文化，但因在地智慧、藝術
家與跨境族群的影響，使其於共享文化中呈現出不同模式的關
係，並依此建構出地區特色、國別差異與跨境美術，隱隱形成
那伽美術的帶狀發展。其中泰國農開府和寮國永珍省隔著湄公
河對望，兩地的那伽美術因位居邊界而呈現出「地方」、「國

家」與「跨境」等三重文化意義，極為特殊。當走出農開和永珍，越往伊森南部與寮國北部移動時，可發現沿途那伽美術的泰式風格和寮式風格會隨著深入內陸而越趨明顯，這些共享的那伽美術在泰寮的文化脈絡下既相似又相異，顯示出伊森和寮北的那伽美術有區域內、區域外和跨境區等區域上的差別。

三、那伽文化景觀

　　視覺藝術的載體，從物質、建築轉向區域後，便形成了文化景觀，這類以「景觀」（scape）為觀看的詮釋方式，是近年學界的熱門議題之一，如人類學家阿帕度萊（Arjun Appadurai）用五種景觀——族群景觀、媒體景觀、科技景觀、財金景觀和意識形態景觀，分析全球文化經濟現象，以其解釋複雜、重疊和分離的文化秩序。[17]另外威利（John Wylie）則將地景（landscape）視為書籍，認為觀者在閱讀地景符號與結構關係時，就是開啟了一系列對文化景觀的解釋途徑。[18]威利的文本論相續於羅蘭·巴特的文本分析，以符號學中的意指系統串連地景、文本與互文性的關係，用此表達文化景觀的複雜

---

[17] Arjun Appadurai, *Modernity at Large: Cultural Dimensions of Globalization*. (Minneapolis, Minn.: University of Minnesota Press, 1996), pp. 33-34.

[18] John Wylie, *Landscape* (London; New York: Routledge, 2007), p. 70.

性，包含不同的文化元素和語境關係。[19]

　　威利曾提及一則小故事，有次指導博士生時，他請學生以「旅程」和「風景」的關連性撰寫論文，令人驚訝的是，這位學生竟然用旅途中所遇到的四個人的「臉龐」為主軸，生動描述了其論文主題與地景之間的關係。這讓威利意識到地景有時候是在具體的事物中凝結或浮現，包含可能反映於身體、碎片，甚或是驚鴻一瞥中。[20]威利的教學案例凸顯了文化景觀的多樣化與不確定性，因為地景涉及區域，所以區域內的各種元素都可能是連結區域文化或引發文化變遷的變項，對泰、寮那伽藝術而言，這個思路也同樣適用。

　　廣大的泰、寮區域內含許多小區域，其間的關係如本書〈推薦序──大蛇穿河併同作者越寺共造多樣地標藝術〉謝世忠先生的「五地理論」所言，地區由小而大可分為點地／單間地點（a point-like location）、片地／單區地點（a piece-like location）、合地／連區地點（a compound-like location）、跨地／越區地點（a connectedness-like location）與大地／整區地點（a generalization-like location），這「點─片─合─跨─大」五地環環相扣，可依不同地區展現在地性，彼此也有區域交乘性，因此在不同的論述主題上，形成了不同的文化情境。意即，同一個物件或論述主題在層層包裹或交錯的五地理論

19　Wylie, *Landscape*, pp. 72-73.
20　John Wylie, "Vanishing Points: An Essay on Landscape, Memory and Belonging," *Irish Geography* 50.1 (2017), p. 9.

裡，它的分析架構會因地制宜，進而可能導出不同的文化意
義。不管是文化景觀論、五地理論或是本書的區域藝術建構
論，都涉及了區域文化的複雜性，這個複雜性指陳「文化景
觀」有不同的觀看視角，當凝視的方式不同時，透過物件所呈
現出來的文化景觀也會有所不同。

　　長期以來，人們並不會去細究泰、寮各區域作品的差異，
以為湄公河流域的那伽美術都差不多，但透過本調查得知，那
伽美術確實存在差別，在不同的文化脈絡下，便有「區域內模
式」、「區域外模式」和「跨境區模式」三種模式之別，呈現
出不同層次的那伽文化景觀，有別於以往的單一印象。

四、國際競賽

　　那伽是泰、寮的共享文化，那伽藝術一方面反映出國別的
區域特色，另一方面則隱含了兩國藝術資本（藝術機構、人才
與知識等）的問題，泰寮兩國的文化政策是造成藝術資本差異
重要因素。

　　泰、寮長期的文化競賽，互有消長，泰國於1960年代便開
始發展觀光，並積極成立藝術機構培養在地人才；2016年，
泰國通過《促進與保護無形文化資產法》，使其文化遺產的保
護制度更趨完整，這些藝術機構與文化政策，都讓寮國相形
失色。但事實上，寮國自1986年推行革新開放後，其保護文
化遺產的作為曾一度超前泰國，只可惜後繼無力，又被泰國

趕上。

　　寮國開放後，受聯合國教科文組織和〈東協文化遺產宣言〉影響，漸漸發展藝文，除成立資訊、文化暨觀光部（Ministry of information，Culture and Tourism）外，為復振文化，也於1990年代起實施多項文化保護計畫，如貝葉經保存計畫（1992）、寮國織布保存計畫（1996）、保護國家重要歷史遺跡計畫（1990）和復振寮國古代文學計畫（1998）等等。[21]2009年，寮國簽署聯合國教科文組織〈保護無形文化資產公約〉（ICH公約），整整比泰國早了7年。此外，寮國政府還於2005年訂定《國家遺產法》，該法於2013年進行修正，2014年頒布修正法案，其第11條明訂無形文化資產的定義與項目，將地方文創、社會行為、民間文學、信仰、傳統歌曲、舞蹈、語言和傳統醫學列入保護，肯定其文化價值，並鼓勵寮國人民維護在地智慧。[22]這種種努力讓當時的泰國學者都覺得寮國在地方、國家和世界級的文化資產事務上已建置起管理系統，並有效運作，甚至超越泰國。

　　不出數年，泰國急起直追，2013年研擬《無形文化資產法草案》，2015年公布《無形文化資產法修正草案》，2016年通

---

[21] Kitirat Sihaban, "National Cultural Renaissance in the Lao People's Democratic Republic (1986-Present)," *Journal of History* 2007 (2007), pp. 25-33.

[22] Ministry of Information, Culture and Tourism, Lao PDR, "Law On National Heritage (Amended)," http://www.laoservicesportal.gov.la/index.php?r=site%2Fdisplaylegal&id=114. July 14, 2023.

過《促進與保護無形文化資產法》，同年簽署ICH公約，截至
2023年底，泰國文化部已公布9批國家級的無形文化資產名錄，
總數達386項，以軟實力後來居上。[23]儘管寮國曾一度致力推展
文化法與文化保護計畫，但就藝術資本而言，仍不及泰國。

　　細想泰、寮國際競賽的過程中，寮國其實有機會趕上泰
國，可惜寮國政府歷年所執行的年度計劃（Annual Plan，1976-
1977）、三年計劃（Three Year Plan，1978-1980）和一系列五
年計劃（Five Year Plans，1981-2016），都側重經濟發展，致
使寮國藝文發展邊緣化，也無法有系統地培育藝文人才，使其
與泰國的藝術資本越差越遠。[24]

　　泰、寮兩國文化政策的不同走向，一方面培養出了不同意
識型態的藝術家，主觀區隔了極為相似的泰、寮藝術；另一方
面，也形成兩國軟實力的差距。目前泰國的文化產業和藝術人
才遠勝於寮國，這些藝術資本均反應在那伽美術的創作上，因
為就藝術創意與質感而言，泰國的那伽美術均優於寮國。但寮
國也不是全無優點，寮國的文創力雖不及泰國，但保有舊傳統

[23] Intangible Cultural Heritage of Thailand. "The National List of ICH," https://ich-thailand.org/heritage/national, January 23, 2024.

[24] 參Boonyasarit Aneksuk, "Sustainable Tourism Paradigm in Lao PDR (1986-2004 AD)," *MANUSYA: Journal of Humanities* 9.1 (2006), p. 1; Hidetoshi Nishimura, Fukunari Kimura, Masahito Ambashi and Souknilanh Keola, *Lao PDR at the Crossroads: Industrial Development Strategies 2016-2030*, Hidetoshi Nishimura, Fukunari Kimura, Masahito Ambashi and Souknilanh Keola (eds.) (Jakarta: Economic Research Institute for ASEAN and East Asia, 2016).

（如辛建築的那伽山牆頂端），這也相對成為寮國那伽美術的特點，使泰、寮的那伽作品形成差異。

　　泰國文化政策的優勢在於她的遠見，早在1960年代就著手發展觀光與藝文，超過半世紀的養成，如今泰國在文化產業上的各個環節都有教育與實踐人才，更直白的說，泰、寮國際競賽的論述話語權明顯掌握在泰國手上，這是寮國必須面對的事實。

　　寮國的藝文發展也不盡然全盤皆輸，因為文化的價值在於活化與獨特性，寮國還是具有文化上的獨特性，但發展的前提是寮國政府必須重視藝術與文化，如此才有利於培養自己國內的藝術尖兵，教育與傳承寮國的藝文。

回看與展望

一、湄公河畔的無聲說法

　　佛寺是北東南亞重要的地景表現，「那伽王護佛」的精神以湄公河為中心向外延伸，一方面創造了湄公河區域特有的佛寺建築，另一方面，隨著佛教藝術的傳播，也形成北東南亞的佛寺美學。只要一走進佛寺，透過那伽美術便能感受那伽守護三寶的精神，這種無聲說法的方式深受北東南亞民眾的喜愛，因為藝術有助於大眾理解佛法教義。

　　那伽是泰、寮湄公河流域的共享文化，本書從區域研究的視角探討泰國東北與寮國北部的那伽藝術，進而分析泰、寮的共享文化，主要有三點結論：

　　第一，共享文化可用「區域藝術建構論」進行解構：

　　　　本書以區域藝術建構論剖析伊森和寮北的那伽作品，說明其在不同的區域視角下呈現出「區域內」、「區域外」與「跨境區」三種模式，並分別體現出「在地特色」、「國別差異」與「文化融合」的特色。

區域藝術的跨領域研究視野讓泰、寮共享的那伽美術呈現出地方特性，使其在共享文化的脈絡下展現出既相似又相異的文化現象，說明那伽美術會依區域條件而有所差異。共享文化是東南亞國家普遍的現象，此議題是符號學無法解決的藝術問題，符號學雖能解釋在地特色，但不能處理共享文化，因為它沒有區域論述，但區域藝術建構論可以，它一方面能說明共享文化的成因，另一方面，其所具備的「在地智慧」又能破解共享文化的矛盾，凸顯在地精神。

第二，那伽造形從高棉形制轉向泰式形制：

古代湄公河流域的那伽造形以高棉形制為主，後來演變出具有頭冠的泰式那伽，至於那伽為何會在湄公河區域發展出頭冠造形？根據本調查，可能與文學、古物和民間資料有關。首先是《喜馬潘森林動物》形容那伽是有頭冠的大蛇；再者是馬卡拉和那伽的形象長期混用，素可泰王國14世紀的馬卡拉造像已出現「頭冠」，後人極可能仿造，將「頭冠」附加到那伽身上，變成現在那伽的樣版。第三個原因來自於民間資料，湄公河區域興盛巨蛇崇拜，自古流傳著許多那伽故事，部分佛寺也供奉那伽頭冠骨，以示那伽的真實性。因此，文學、古物複製與民間傳說等因素，可能是促使那伽形制轉變的

原因。

第三，那伽文學、美術與藝術，是連續發展的歷程：

外界普遍認為泰、寮那伽只有一種護佛形象，但事實上，那伽除了護佛外，還有巨蛇崇拜的本土形象，這些形塑那伽意象的源頭全來自於那伽文學。換句話說，泰、寮那伽藝術的演變是從文學、美術到藝術的過程，但多數人不太理解。本書介紹那伽文化如何從文學進入美術，再透過美術拓深至藝術領域的歷程，說明那伽文學與藝術的發展關係。那伽文學取之於民，用之於民，由生活敘事書寫成文學，再從文學立體化為藝術空間，甚至轉變成為許多無形文化資產。在東南亞的文學領域裡，那伽始終都是護佛護神的配角，但在追求創新的藝術展演場上，那伽卻能超越傳統，開展多元創意。那伽文化從文學、美術發展成為藝術的過程，不僅拓展了東南亞文化的不同語義，也締造東南亞美學的新視角。

二、東南亞藝術發展

東南亞自古以來在多族群的文化背景下相互交融，許多地帶陸路相連成為邊境地區，加速族際與國際交流，也因此形成許多共享文化，而泰、寮湄公河區域的那伽美術便是其中的經

典案例。

　　共享文化的議題隨著東南亞各國文化的發展而日趨重要，因為它與無形文化資產密切相關。2018年後，東南亞國家已全數簽署聯合國〈保護無形文化資產公約〉，這表示「無形文化資產」已成為東南亞各國展現軟實力的重要場域。[1] 當東南亞的共享文化成為文化資產後，各國都想在共享文化裡脫穎而出，希望經由文化資產取得世界地位，所以要在共享文化中建立自己的文化特色，對東南亞國家而言，是挑戰也是目標。

　　泰、寮的那伽藝術也面臨同樣情況，兩國政府都想透過那伽文化吸引觀光與開發文化產品，這些文化角力隨著東盟各國的文化政策（如中國一帶一路政策）、東南亞跨國交通的開發（如中寮鐵路）和各種國際交流顯得白熱化，如何在共享文化中創造機會，「藝術」就扮演著舉足輕重的角色。

　　想想幾百年前的那伽美術，其高棉形制隨著吳哥帝國的強大蔚為主流，但今日的泰式那伽並不依恃政治，反而是依隨佛教藝術的傳布，成為北東南亞那伽藝術的主要形制，這個從邊緣轉變為主流的過程，除了宗教的力量外，藝術也是翻轉局勢的重要助力，如果沒有泰國相關的文化政策支持，泰式那伽很難自成一格，成為新時代典範。

　　泰、寮湄公河流域的那伽藝術底蘊豐富，整合了文學與美術，讓人們看見東南亞藝術的深度；再加上在地情境的因素，

---

[1]　張雅梁，〈東南亞的共享文化與無形文化遺產初探〉，《文化資產保存學刊》第52期（2020年6月），頁51。

使泰、寮所共享的那伽藝術因地制宜，展現出不同區域的地方性格、國家特色與邊境文化。本書撰寫的泰、寮那伽藝術只是東南亞文化的一小部分，放眼東南亞，還有更多的藝術文化值得被發掘、紀錄、創作與分享。筆者始終認為東南亞藝術是東南亞文化裡最璀璨的明星，因為藝術會用無聲說法的方式，帶領閱聽人體會不一樣的東南亞風貌。

參考文獻

古籍

（三國魏）張揖撰，（清）王念孫疏證。《廣雅疏證》，收於中國哲學書電子化計劃，https://ctext.org/library.pl?if=gb&file=13533&page=52。下載日期：2024年3月3日。

（宋）范曄。〈哀牢・南蠻西南夷列傳第七十六〉，《後漢書》第十冊。北京：中華書局出版，頁2848-2851。

（元）周達觀。《真臘風土記》。收於中國哲學書電子化計劃，http://ctext.org/wiki.pl?if=gb&chapter=871233。下載日期：2023年7月10日。

（明）李時珍。《本草綱目》。卷四三〈鱗之一〉，收錄於《影印欽定四庫全書》子部五醫家類。收於中國哲學書電子化計劃，https://ctext.org/library.pl?if=gb&file=52862&page=11。下載日期：2024年3月3日。

《小品・犍度》，收於《漢譯南傳大藏經》（元亨寺版）N0002，卷15，收於中華電子佛典協會，《CBETA佛典協會集成》。臺北：中華電子佛典協會。

〈第九品　梵住之解釋〉，《清淨道論》，收於《漢譯南傳大藏經》（元亨寺版）N0068，卷35，收於中華電子佛典協會，《CBETA佛典協會集成》。臺北：中華電子佛典協會。

中文

王松。1983。《傣族詩歌發展初探》。昆明：中國民間文藝出版。

中央研究院亞太區域研究專題中心。2004。〈東南亞政經大事記（1900-2000）：寮國〉，東南亞政經大事記系列，《亞太研究通訊》25：156-215。

宋立道。2002。《從印度佛教到泰國佛教》。臺北：東大出版。

何平。2015。《傣泰民族的起源與演變新探》。北京：社會科學文獻出版社。

李慧漱。2001。〈南宋臨安圖脈與文化空間解讀〉，收於張瑋真、羅麗華編，《區域與網絡：近千年來中國美術史研究國際學術研討會論文集》，頁57-90。臺北：國立臺灣大學藝術史研究所。

林玉茹。2002。〈歷史學與區域研究：以東臺灣地區的研究為例〉，《東台灣研究》7：103-134。

胡紹宗。2019。〈躍進農民畫：鄉村社會建設中的詩性表達〉，《民族藝術》2019（1）：148-155。

洪儀真。2014。〈以創作的社會過程解析藝術作品：啟發與限制〉，《社會分析》9：45-85。

許嘉猷。2004。〈布爾迪厄論西方純美學與藝術場域的自主化：藝術社會學之凝視〉，《歐美研究》34（3）：357-429。

陳文德。1983。〈史堅納（William G. Skinner）對於中國社會的研究〉，《人類與文化》18：56-64。

陳泓易。2014。〈藝術行動的去脈絡化與再脈絡化探討〉，《南藝學報》9：1-23。

范宏貴。2007。《同根生的民族：壯泰各族淵源與文化》。北京市：民族出版社。

張雅粱。2023。〈泰國的神獸與文化〉，《傳藝》146：74-77。

———。2020。〈泰東北與寮北的共享文化：以佛寺那伽美術為例〉，《視覺藝術論壇》15：56-82。

———。2020。〈東南亞的共享文化與無形文化遺產初探〉，《文化資產保存學刊》52：51-76。

———。2017a。〈泰國東北佛寺之那伽美術考察〉，《南藝學報》15：51-87。

———。2017b。〈泰北那伽（Naga）造形研究：以清邁市佛寺為例〉，《藝術評論》32：51-94。

———。2015。〈泰國泰族特性的轉變：以水牛樂團和Pi Bird皇家歌曲歌詞為例〉，《文化研究》21：95-126。

賀聖達。2015。《東南亞歷史重大問題研究：東南亞歷史和文化》。昆明：雲南人民出版社。

楊建軍。2017。〈論東南亞回族華人文學的旅行書寫〉，《民族文學研究》2017（1）：164-169。

劉宗迪。2000。〈故事的背後是歷史——對兩組閩西傳說故事的民俗學研究〉，《民族文學研究》2000（4）：78-83。

鄭曉雲。2008。《全球化背景下的中國及東南亞傣傣民族文化》。北京：民族出版社。

蕭文軒、顧長永。2012。〈泰國的國家整合與伊森地域認同的探析〉，《台灣東南亞學刊》9（2）：3-56。

謝世忠。2022。《臺灣放眼亞洲北東南：族群文化論集》。臺北：秀威資訊出版。

———。2014。〈不需對話的族群分類—寮國北部的「人民」與「國家」〉，《文化研究》19：333-367。

嚴智宏。2005。〈南傳佛教在東南亞的先驅：泰國墮羅鉢底時期的雕塑〉，《台灣東南亞學刊》2（1）：3-68。

龔鵬程。1995。《文學與美學》。臺北：業強出版社。

皮耶・布赫迪厄（Pierre Bourdieu）著，石武耕、李沅洳、陳羚芝譯。2016。《藝術的法則：文學場域的生成與結構》。臺北：典藏藝術家庭出版社。

佛光大辭典。〈三千大千世界〉，https://www.fgs.org.tw/fgs_book/fgs_drser.aspx。下載日期：2024年3月11日。

李維・史特勞斯（Claude Lévi -Strauss）著，王志明譯。1989。《憂鬱的熱帶》。臺北：聯經出版社。

柏拉圖（Plato）著，王曉朝譯。2015。〈蒂邁歐篇〉，《柏拉圖全集[增訂版]8》。北京：人民出版社。

柯保安（Paul A. Cohen）著，李榮泰等譯。1991。《美國的中國近代史研究：回顧與前瞻》。臺北：聯經出版社。

毗耶娑（Vyasa）著，金克木等譯。2005。《摩訶婆羅多：印度古代史詩》（1-6冊）。北京：中國社會科學出版社。

格里斯伍（Wendy Griswold）著，黃信洋、曹家榮等合譯。2008。《變動世界中的文化與社會》。臺北：學富文化出版社。

喬納森・卡勒（Jonathan Culler）著，張景智譯。1993。《索緒爾》。臺北：桂冠出版社。

詹明信（Fredric Jameson）著，唐小兵譯。1990。《後現代主義與文化理論》。臺北：合志文化出版社。

菲爾迪南・德・索緒爾著，屠友祥譯。2002。《索緒爾第三次普通語言學教程》。上海：上海人民出版社。

蟻垤著，季羨林譯。2016。〈攪海的故事〉，《羅摩衍那：童年篇》，頁285-291。吉林：吉林出版集團。

羅蘭・巴特（Roland Barthes）著，許薔薔譯。1997。《神話學》。臺北：桂冠出版社。

———。李幼蒸譯。1991。《寫作的零度：結構主義文學理論文選》。臺北：時報文化出版社。

英文

Aneksuk, Boonyasarit. 2006. "Sustainable Tourism Paradigm in Lao PDR (1986-2004 AD)." *MANUSYA: Journal of Humanities* 9 (1): 1-12.

Anuman Rajadhon, Phya. 1988. *Essays on Thai Folklore*. Bangkok: Thai Inter-Religious Commission for Development & Sathirakoses Nagapradipa Foundation.

———. 1962. "The Khwan and Its Ceremonies." *Journal of the Siam Society* 50 (2): 119-164.

Appadurai, Arjun. 1996. *Modernity at Large: Cultural Dimensions of Globalization*. Minneapolis, Minn.: University of Minnesota Press.

Bourdieu, Pierre. 1996. *The Rules of Art: Genesis and Structure of the Literary Field*, Susan Emanuel translated. Palo Alto: Stanford University Press.

———. 1993. *The Field of Cultural Production: Essays on Art and Literature*. R. Johnson (ed.). New York: Columbia University Press.

Brereton, Bonnie Pacala and Yencheuy, Somroay. 2010. *Buddhist Murals of Northeast Thailand: Reflections of the Isan Heartland*. Chiang Mai: Mekong Press.

Chang, Ya-Liang. 2024. "Naga Imagery and the Impact of the Internet on Naga Worship in Thailand." *International Journal of Asia Pacific Studies* 20 (1): 23-52.

———. 2022. "Exploring Application Modes of Visual Arts: Naga Images of Thailand." *Asian Journal of Arts and Culture* 22 (2): 1-11.

———. 2018. "The Body, Merit-Making and Ancestor Worship: Mask Festivals in Thailand and Laos." *Thammasat Review* 21 (2): 212-233.

———. 2017. "Exploring Naga Images: Textual Analysis of Thailand's

Narratives." *Journal of Mekong Societies* 13 (1): 19-35.

Davis, Richard B. 1984. *Muang Metaphysics*. Bangkok: Pandora.

Enfield, Nick J. 2002. "How to Define 'Lao', 'Thai', and 'Isan' Language? A View from Linguistic Science. The View from Linguistic Science." *Tai Culture: International Review on Tai Studies* 7 (1): 62-67.

Ferguson, John P. and Johannsen, Christina B. 1976. "Modern Buddhist Murals in Northern Thailand: A Study of Religious Symbols and Meaning." *American Ethnologist* 3 (4): 645-669.

Findly, Ellison B. 2011. "A Protective Spirit in Lao-Tai Textiles: The Pii Nyak and Its Indian Antecedents." *The Journal of Lao Studies* 2 (2): 47-66.

Fiske, John. 1990. *Introduction to Communication Studies*. London: New York: Routledge.

Hall, Stuart. 1997. "The Local and the Global: Globalization and Ethnicity." In A. D. King (ed.), *Culture, Globalization, and the World-system: Contemporary Conditions for the Representation of Identity* (pp.19-39). Minneapolis, Minn: University of Minnesota Press.

Hanks, Lucian M. 1962. "Merit and Power in the Thai Social Order." *American Anthropologist* 64 (6): 1247-1261.

Hongsuwan, Pathom. 2011. "Sacralization of the Mekong River through Folk Narratives." *MANUSYA: Journal of Humanities* 19: 33-45.

Indorf, Pinna. 1994. "The Precinct of the Thai Uposatha Hall (Bot): A Southeast Asian Spirit World Domain." *Journal of the Siam Society* 82: 19-54.

Jermsawatdi, Promsak. 1979. *Thai Art with Indian Influences*. New Delhi: Abhinav.

Jumsai, Sumet. 1997. *NAGA: Cultural Origins in Siam and the West Pacific*. Bangkok: Chalermnit Press.

Keyes, Charles F. 1995. *The Golden Peninsula: Culture and Adaptation in*

Mainland Southeast. Honolulu [Hawaii] : University of Hawaii Press.

———. 1967. *Isan: Regionalism in Northeastern Thailand.* Ithaca, N.Y.: Southeast Asia Program, Department of Far EasternStudies, Cornell University.

———. 1966. "Ethnic Identity and Loyalty of Villagers in Northeastern Thailand." *Asian Survey* 6 (7): 362-369.

Klangprapan, Malinee. 2014. "Mekong River without the Naga: People without Power." *The Journal of Lao Studies* 5 (1): 85-93.

Kutanan, Wibhu, Srithawong, Suparat,Kamlao, Artittaya and Kampuansai, Jatupol. 2014. "Mitochondrial DNA-HVR1 Variation Reveals Genetic Heterogeneity in Thai-Isan Peoples from the Lower Region of Northeastern Thailand." *Advances in Anthropology* 4 (1): 7-12.

Lao Front for National Construction. 2008. *The Ethnic Groups in Lao P.D.R., Sponsored by Institutional Development Fund (IDF).* World Bank. Vientiane: Department of Ethnic Affairs.

Matics, Kathleen I. 1979. "Hell Scenes in Thai Murals." *Journal of The Siam Society* 67 (2): 35-39.

McCargo, Duncan and Hongladarom, Krisadawan. 2004. "Contesting Isanness: Discourses of Politics and Identity in Northeast Thailand." *Asian Ethnicity* 5 (2): 219-234.

Ministry of Information, Culture and Tourism, Lao PDR. 2014."Law On National Heritage (Amended)," http://www.laoservicesportal.gov.la/index.php?r=site%2Fdisplaylegal&id=114. July 14, 2023.

Ngaosrivathana, Mayoury and Breazeale, Kennon. 2002. *Breaking New Ground in Lao History: Essays on the Seventh to Twentieth Centuries.* Mayoury Ngaosrivathana and Kennon Breazeale (eds.). Chiang Mai: Silkworm Books.

Ngaosrivathana, Mayoury and Ngaosrivathana, Pheuiphanh. 2009. *The*

Enduring Sacred Landscape of the NAGA. Chiang Mai: Mekong Press.

Nimmanahaeminda, Prakong. 2005. "Water Lore: Thai-Tai Folk Beliefs and Literature." *MANUSYA: Journal of Humanities* 9: 27-39.

Nishimura, Hidetoshi, Kimura, Fukunari, Ambashi, Masahito and Keola, Souknilanh. 2016. *Lao PDR at the Crossroads: Industrial Development Strategies 2016-2030.* Hidetoshi Nishimura, Fukunari Kimura, Masahito Ambashi and Souknilanh Keola (eds.). Jakarta: Economic Research Institute for ASEAN and East Asia.

O'Connor, Richard A. 1990. "Siamese Tai in Tai Context: The Impact of a Ruling Center." *Crossroads: An Interdisciplinary Journal of Southeast Asian Studies* 5 (1): 1-21.

Panda, Sasanka Sekhar. 2004. "Nagas in the Sculptural Decorations of Early West Orissan Temples." *Ohrj* XlvII (1): 16-37.

Polson, Ivan. 2012. "The Art of Dissent: The Wall Paintings at Wat Thung Sri Muang in Ubon Ratchathani." *The Journal of Lao Studies* 3 (1): 91-127.

Purtle, Jennifer. 2001. "Foundations of a Min Regional Visual Tradition, Visuality, and Identity: Fuchien Painting of the Sung and Yuan Dynasties." In W. C. Chang and L. H. Luo (eds.), *Area and Network: Proceedings for the International Conference on a Millennium of Chinese Art Historical Studies* (pp. 91-140). Taipei: Graduate Institute of Art History, National Taiwan University.

Reid, Anthony. 2004. "Studying Southeast Asia in a Globalized World." *Taiwan Journal of Southeast Asia Studies* 1 (2): 3-18.

Strong, John S. 1992. *The Legend and Cult of Upagupta: Sanskrit Buddhism in North India and Southeast Asia.* Princeton, NJ: Princeton University Press.

Tambiah, Stanley J. 1970. *Buddhism and the Spirit Cults in North-East Thailand.* London, UK: Cambridge University Press.

Tarling, Nicholas (ed.). 1992. *The Cambridge History of Southeast AsiaII*, Cambridge University Press.

Udyanin, Kasem and Suwanagul, Kasem. 1965."Development of Thai Administration." 東南アジア研究 3 (3):108-116.

UNESCO. 2023."Traditional Craft of Naga Motif Weaving in Lao Communities."Intangible Cultural Heritage Lists, UNESCO. https:// ich.unesco.org/en/RL/traditional-craft-of-naga-motif-weaving-in-lao-communities-01973, December 31, 2023.

Viravong, Maha Sila. 1964. *History of Laos*, the U.S. Joint Publications Research Service translated. New York: Paragon Book Reprint.

Winichakul, Thongchai. 1994. *Siam Mapped: A History of the Geo-body of A Nation.* Honolulu: University of Hawaii Press.

Woodward, Hiram. 2005. The Art and Architecture of Thailand. Leiden; Boston: Brill.

Wright, Michael. 1996. "Metamorphosis: The Sacred Gable in Siamese and South Indian Architecture." *Journal of the Siam Society* 84 (2): 17-38.

Wyatt, David K. 2003. *Thailand: A Short History.* New Haven: Yale University Press.

Wylie, John. 2017. "Vanishing Points: An Essay on Landscape, Memory and Belonging." *Irish Geography* 50 (1): 3-18.

————. 2007. *Landscape.* London ; New York : Routledge.

Xu, Xianming and Ji, Hongli. 2008. "The Concepts of Dragon in Chinese Language and Culture." *Chiang Mai University of Social Sciences and Humanities* 2 (1): 57-68.

泰文

Amaranonta, Pornsawan. 2008. "A Study on the Relationship between Thai Mural Paintings about the Buddhas of the Past and Literature in Relation to Buddhism." (=การศึกษาความสัมพันธ์ระหว่างภาพจิตรกรรมฝาผนังของ ไทยเรื่องพระอดีตพุทธเจ้ากับบวรรณกรรมพุทธศาสนา) *Journal of Damrong* 7 (1): 37-57.

Bamrungphak, Sowit. 2014. "Legendary Serpents and Buddhist Existence: Phya Ngu-Yai, Phya Nag, Phya Luang, Phya Mang-Kon." (=เป็น อยู่ คือ : พญางูใหญ่ พญานาค พญาลวง และพญามังกร) *Journal of Buddhist Studies* 21 (2): 79-89.

Boonyasurat, Woralun. 2000. *The Study of Lanna Viharn during the 15th-19th Centuries AD.* (=แบบแผนทางศิลปกรรมของวิหารพื้นเมืองล้านนา ในระหว่างพุทธศตวรรษที่ 20-24) Chiang Mai: Chiang Mai University.

Changchaya, Boonma. 2002. *Basic Patterns of Thailand Art.* (=ศิลปะลายไทย) Bangkok: Suwiriyasan.

Chuvichean, Praphat. 2014. "Lopburi-Khmer Art in the Land of Thailand: Rethinking the Art Terminology." (=ศิลปะลพบุรี-ขอม/เขมรในดินแดนไทย: คำเรียกแบบศิลปะที่ควรทบทวน) In Sujit Wongthes (ed.), *Where Is Khmer? Thailand Is Right There* (pp.46-51). Bangkok: Fine Arts Department.

Deetes, Tuenjai. 2003. *Proceedings of Local Wisdom and Culture of Thailand.* (=บทความวิชาการ เรื่อง ภูมิปัญญาไทย วัฒนธรรมไทย) Bangkok: Office of the National Culture Commission.

Dhammathai, "Styles of Buddha Images." (=ปางพระพุทธรูป) Dhammathai, http://www.dhammathai.org/pang/pang.php, July 2, 2023.

Digital School Thailand 4.0, "อาณาจักรล้านนา," http://www.digitalschool.club/

digitalschool/art/art4_1/lesson2/web3.php, accessed February 24, 2023.

GuideUbon. 2018."เซ็นทรัลอุบล จัดงาน สงกรานต์ลานธรรม ฮางฮด รดน้ำพระแก้ว," https://www.guideubon.com/2.0/songkran-festival/hanghod-central-ubon/, June 2, 2023.

Intangible Cultural Heritage of Thailand. "The National List of ICH," (=มรดกภูมิปัญญาทางวัฒนธรรมของชาติ) https://ich-thailand.org/heritage/national, July 14, 2023.

Keovongsay, Khamsouk. 2016. "Vientiane-Sim: Form, Aesthetic, and Symbol." (=สิมเวียงจันทน์: รูปแบบ สุนทรียภาพ และ คติสัญลักษณ์) *Journal of Fine and Applied Arts, Khon Kaen University* 8 (2): 44-59.

Khongphianthum, Chanchai. 2015. "The Concept of the Nāga in Cambodian Society." (=นาคาคติในสังคมเขมร) *Journal of Mekong Societies* 11 (3): 105-126.

Laomanajarern, Siripot. 2003. "Naga: A Symbol Study Related the Indian Model." (=นาค: การศึกษาเชิงสัญลักษณ์ตามคติอินเดีย) *Journal of Damrong* 2 (4): 148-158.

Mahamakut Buddhist University (ed.). 2003a. *Tripitaka in Thai Translation Version*, (=พระไตรปิฎกและอรรถกถาแปล) Vol.58. Nakhon Pathom: Mahamakut Buddhist University.

———. 2003b. *Tripitaka in Thai Translation Version*, (=พระไตรปิฎกและอรรถกถาแปล) Vol.57. Nakhon Pathom: Mahamakut Buddhist University.

———. 2003c. *Tripitaka in Thai Translation Version*, (=พระไตรปิฎกและอรรถกถาแปล) Vol.64. Nakhon Pathom: Mahamakut Buddhist University.

———. 2003d. *Tripitaka in Thai Translation Version*, (=พระไตรปิฎกและอรรถกถาแปล) Vol.44. Nakhon Pathom: Mahamakut Buddhist University.

Nathalang, Siraphon. 2013. ""Creative Folklore": A Review of Its Social Context and Related Concepts." (="คติชนสร้างสรรค์": บทปริทัศน์บริบททางสังคมและแนวคิดที่เกี่ยวข้อง) *Journal of Letters* 42 (2):

1-74.

Nimlek, Somjai. 2014. *Animals in Architectures of Thailand.* (= สรรพสัตว์ในงานสถาปัตยกรรมไทย) Bangkok: Matichon Press.

Nunchu, Chotika. 2023. "Makara-Khai-Nak, Buddhist Art in the Land of Lanna, Thailand," (=มกรคายนาค พุทธศิลป์แห่งดินแดนล้านนาไทย) SILPA MAG.COM (Art and Culture Magazine online), https://www.silpa-mag.com/history/article_35141#google_vignette, July 10, 2023.

Office of Literature and History (ed.). 2022. *Documents of the Academic Seminar on "Naga" in Thai Culture* (=เอกสารประกอบการเสวนาทางวิชาการ เรื่อง "นาค" ในวัฒนธรรมไทย). Bangkok: Fine Arts Department. https://www.finearts.go.th/storage/contents/2022/05/detail_file/pisV5SjtaQSri6MvZG WJcMfc7kkM0fxqST4YO318.pdf, March 2, 2024.

Office of the Council of State. 2016. "The Promotion and Preservation of Intangible Cultural Heritage Act B.E. 2559," (=พระราชบัญญัติ ส่งเสริมและรักษามรดกภูมิปัญญาทางวัฒนธรรม พ.ศ. ๒๕๕๙) https://www.krisdika.go.th/librarian/get?sysid=746396&ext=pdf, July 2, 2023.

Office of the Royal Society. "Isan," (=อีสาน) http://legacy.orst.go.th/?knowle dges=%E0%B8%AD%E0%B8%B5%E0%B8%AA%E0%B8%B2%E 0%B8%99-%E0%B9%96-%E0%B8%95%E0%B8%B8%E0%B8%A5 %E0%B8%B2%E0%B8%84%E0%B8%A1-%E0%B9%92%E0%B9%- 95%E0%B9%95%E0%B9%92, March 2, 2024.

Patong, Benjamas and Sakunathawong, Sivaporn. 2012. "Bai Sri." (=บายศรี) In *Thai Youth Encyclopedia*, Vol.38, No.2. Bangkok: Thai Youth Encyclopedia Project by His Majesty the King.

Phlainoi, Sombat. 2009. *Animals of Himmapan.* (=สัตว์หิมพานต์) Bangkok: Phimkham. 4th ed.

Pritasuwan, Phiraya. 2014. *Naga Decorate Buddhist Temples in Amphoe Mueang Nan.* (=นาคประดับพุทธสถาน อำเภอเมืองน่าน) Thai Art Department, Faculty of Fine Arts, Chiang Mai University.

Puchidchawakorn, Thaipat. 2014. "Ubosoth-Vihara of Lan Chang Architecture: Styles, Characteristics, Developments and Transformations." (=โบสถ์-วิหารแบบล้านช้าง ภาคสรุป: รูปแบบ ลักษณะเฉพาะ พัฒนาการ และความเปลี่ยนแปลง) *NAJUA History of Architecture Thai Architecture* 11: 274-305.

————. 2013. "Lan-Chang Ordination and Wihara Halls in Thailand." (=โบสถ์-วิหารแบบล้านช้างในประเทศไทย) *NAJUA History of Architecture Thai Architecture* 9: 70-99.

Saisingha, Sakchai. 2012. "Buddha Images." (=พระพุทธรูป) In *Thai Youth Encyclopedia*, Vol.29, No.2 (pp.38-71). Bangkok: Thai Youth Encyclopedia Project by His Majesty the King.

Saipan, Pichet. 1996. *"Naga Worship" of the Mekong River Basin in Northeastern Thailand: Focusing on the Cultural Experience of Contemporary Rituals.* (="นาคาคติ" อีสานลุ่มน้ำโขง: ชีวิตทางวัฒนธรรมจากพิธีกรรมร่วมสมัย) Master Thesis in Department of Anthropology, Faculty of Sociology. Bangkok: Thammasat University.

Samphan, Aree. 2010. *Folktales in Thailand.* (=นิทานพื้นบ้าน ตำนานท้องถิ่น) Bangkok: Khri E Thabuk.

Sanboon, Tik. 2010. "Identity in the Decorations of Local Religious Constructions of the Isaan Region of Thailand and Lao PDR." (=อัตลักษณ์ในส่วนตก แต่งองค์ประกอบสถาปัตยกรรมศาสนาคารพื้นถิ่นไทยอีสาน กับ สปป.ลาว) *Academic Journal (Built Environment Inquiry Journal), Khon Kaen University* 9 (1): 45-60.

Sihaban, Kitirat. 2007. "National Cultural Renaissance in the Lao People's Democratic Republic (1986-Present)." (=การรื้อฟื้นวัฒนธรรมชาติ ในสาธารณรัฐประชาธิปไตยประชาชนลาว (1986-ปัจจุบัน)) *Journal of History* 2007: 21-35.

Thailand International Cooperation Agency (TICA). "OTOP แนวทางการเผยแพร่ 1 ผลิตภัณฑ์ 1 ตำบล สู่สากล," https://tica-thaigov.mfa.go.th/th/index, July 10, 2023.

Thai Youth Encyclopedia Project. 2012."Local Wisdom in Thailand." (=ภูมิปัญญาไทย) In *Thai Youth Encyclopedia*, Vol.23, No.1 (pp. 10-29). Bangkok: Thai Youth Encyclopedia Project by His Majesty the King.

The Department of Cultural Promotion. 2021. *Songkran Tradition.* (=ประเพณีสง-กรานต์). Bangkok: The Department of Cultural Promotion, http://qrcode. culture.go.th/pdfbook/songkran.pdf, January 20, 2024. (English-Thai bilingual)

The Department of Cultural Promotion. 2015. *The Thai Intangible Cultural Heritage List 2015.* (=มรดกภูมิปัญญาทางวัฒนธรรมของชาติ ประจำปีพุทธศักราช ๒๕๕๘). Bangkok: The Department of Cultural Promotion, http://book.culture.go.th/ newbook/ich/ich2015.pdf, January 17, 2024.

The Department of Cultural Promotion. *The Thai Intangible Cultural Heritage List 2013.* (มรดกภูมิปัญญาทางวัฒนธรรมของชาติ ประจำปีพุทธศักราช ๒๕๕๖) Bangkok: The Department of Cultural Promotion, http://book.culture. go.th/newbook/ich/ich2013.pdf, January 17, 2024.

The Royal Society. 2007. *Thai Art Vocabulary: Letters ก-ฮ, The Royal Institute Version.* (=พจนานุกรมศัพท์ศิลปกรรม อักษร ก-ฮ ฉบับราชบัณฑิตยสถาน) Bangkok: The Royal Society.

Weeraprachak, Kongkaew. 2012."Songkran Festival." (=สงกรานต์) In *Thai Youth Encyclopedia*, Vol.35, No.2 (pp.40-77). Bangkok: Thai Youth Encyclopedia Project by His Majesty the King.

Wiphakkhachonkit, Toem. 1997. *A History of Laos.* (=ประวัติศาสตร์ลาว) Bangkok: The Foundation for the Social Sciences and Humanities Textbooks Project. 2nd ed.

————. 1999. *A History of Isan.* (=ประวัติศาสตร์อีสาน) Bangkok: The Foundation for the Social Sciences and Humanities Textbooks Project. 3th ed.

Wongthes, Sujit. 2012. "The Shared Culture in ASEAN (Southeast Asia)." (=วัฒนธรรมร่วมของอาเซียน (อุษาคเนย์)) A lecture in the Osaka Project, organized by Faculty of Liberal Arts, Thammasat University. Thailand.

————. 2003. *Naga in History of Southeast Asia.* (= นาคในประวัติศาสตร์อุษาคเนย์) Bangkok: Mati Cho.

————. 2016. *Southeast Asian Shared Culture in ASEAN.* (= วัฒนธรรมร่วมอุษา-คเนย์ในอาเซียน) Bangkok, Thailand: Nata Hack Press.

Wongthes, Sujit. et al. 2017. *Entering the Land of Paradise: Art, Tradition and Belief in the Royal Funeral and Ritual.* (= เสด็จสู่แดนสรวง: ศิลปะ ประเพณี และความเชื่อในงานพระบรมศพและพระเมรุมาศ) Phiphat Krachaechan (ed.). Bangkok: Museum Siam.

寮文

Berger, Hans Georg and Mixay, Somsanouk. 2000. *Thank You for Looking: A Book for Students in Laos.* (=ຂອບໃຈທີ່ຫລຽວເບິ່ງ: ປຶ້ມເພື່ອນັກຮຽນລາວ) Berlin, Germany: Cultural Department of the Ministry of Foreign Affairs of the Federal Republic of Germany, 2nd ed.

Duansakda, Thongmy (ed.). 2009. *Vat Sisaket in Vientiane: Story, Art and Architecture Lao Cultural Heritage.* (=ວັດສີສະເກດ ວຽງຈັນ:ປະຫວັດ ສິລະປະ- ສະຖາປັດຕະຍະກຳ ມໍລະດົກວັດທະນະທຳລາວ) K. Kangphachanpheng translated. Vientiane: publisher not identified. (English-Lao bilingual)

附錄　泰、寮佛寺資料採集點

國家位置	府／省	寺廟名稱	
泰國中部	曼谷	Wat Phra Kaew	วัดพระแก้ว
泰國北部	清邁府	Wat Chai Phra Kiat	วัดชัยพระเกียรติ
		Wat Chang Taem	วัดช่างแต้ม
		Wat Cheatawan	วัดเชตวัน
		Wat Chedi Luang	วัดเจดีย์หลวง
		Wat Chieng Mun	วัดเชียงมั่น
		Wat Dab Phai	วัดดับภัย
		Wat Duang Dee	วัดดวงดี
		Wat Fon Soi	วัดฟอนสร้อย
		Wat Inthakhin	วัดอินทขีลสะดือเมือง
		Wat Jedlin	วัดเจ็ดลิน
		Wat Khuankha Ma	วัดควรค่าม้า
		Wat Lam Chang	วัดล่ามช้าง
		Wat Mondom	วัดหมื่นตูม
		Wat Mor Kham Tuang	วัดหม้อคำตวง
		Wat Muen Larn	วัดหมื่นล้าน
		Wat Panping	วัดป้านปิง
		Wat Phabong	วัดผาบ่อง
		Wat Phakhao	วัดผ้าขาว
		Wat Phan On	วัดพันอ้น
		Wat Phan Tao	วัดพันเตา

國家位置	府／省	寺廟名稱	
泰國北部	清邁府	WatPhra That Doi Suthep	วัดพระธาตุดอยสุเทพ
		Wat Pouck Chang	วัดพวกช้าง
		Wat Prasat	วัดปราสาท
		Wat Pra Singh	วัดพระสิงห์
		Wat Puag Hong	วัดพวกหงส์
		Wat Puag Taem	วัดพวกแต้ม
		Wat Rajamontean	วัดราชมณเฑียร
		Wat Saenfang	วัดแสนฝาง
		Wat Saen Muang Ma Luang	วัดแสนเมืองมาหลวง
		Wat Srikoed	วัดศรีเกิด
		Wat Sumpow	วัดสำเภา
		Wat Tung Yu	วัดทุงยู
		Wat Umong	วัดอุโมงตค์
		Wat Upakut	วัดอุปคูต
泰國 東北部	訶叻府	City Pillar Shrine	ศาลหลักเมือง
		Phimai Historical Park	อุทยานประวัติศาสตร์พิมาย
		Wat Doem	วัดเดิม
		Wat Isan	วัดอิสาน
		Wat Pa Sala Wan	วัดป่าสาละวัน
		Wat Phayap	วัดพายัพ
		Wat Phra Narai Maharat	วัดพระนารายณ์
		Wat Sakae	วัดสะแก
		Wat Sa La Loi	วัดศาลาลอย

國家位置	府／省	寺廟名稱	
泰國 東北部	訶叻府	Wat Suttha Chinda	วัดสุทธจินดา
	孔敬府	Wat Chanthon Prasit	วัดจันทรประสิทธิ์
		Wat Klang	วัดกลาง
		Wat Nongwang	วัดหนองแวง
		Wat Pa Wiwake Thum	วัดป่าวิเวกธรรม
		Wat Phar That Kham Kaen	วัดพระธาตุขามแก่น
		Wat Pho Chai Ban Phai	วัดโพธิ์ชัยบ้านไผ่
		Wat Sanuan Wari Phatthanaram	วัดสนวนวารีพัฒนาราม
		Wat Sri Chan	วัดศรีจันทร์
		Wat Sri Nuan	วัดศรีนวล
		Wat That	วัดธาตุ
	黎逸府	Wat Bueng Phralanchai	วัดบึงพระลานชัย
		Wat Burapha Phiram	วัดบูรพาภิราม
		Wat Klang Ming Mueang	วัดกลางมิ่งเมือง
		Wat Kumwanaram	วัดคุ้มวนาราม
		Wat Nua	วัดเหนือ
		Wat Parearai	วัดป่าเรไร
		Wat Sakaew	วัด สระแก้ว
		Wat Saket	วัดสาเกต
		Wat Sathong	วัดสระทอง
		Wat Vimolnivas	วัดวิมลนิวาส

國家位置	府／省	寺廟名稱	
泰國 東北部	烏汶府	Ubon Ratchathani City Pillar Shrine	ศาลหลักเมือง
		Wat Jang	วัดแจ้ง
		Wat Liab	วัดเลียบ
		Wat Luang	วัดหลวง
		Wat Maha Wanaram	วัดมหาวนาราม
		Wat Nong Pa Phong	วัดหนองป่าพง
		Wat Si Ubon Rattanaram	วัดศรีอุบลรัตนาราม
		Wat Tai Phrachao Yai Ong Tue	วัดใต้พระเจ้าใหญ่องค์ตื้อ
		Wat Thung Si Mueang	วัดทุ่งศรีเมือง
	那空帕農府	Nakhon Phanom City Pillar Shrine	ศาลหลักเมือง
		Wat Aranyikawat	วัดอรัญญิกาวาส
		Wat Hua Wiang Rangsi	วัดหัวเวียงรังษี
		Wat Klang	วัดกลาง
		Wat Mahathat	วัดมหาธาตุ
		Wat Okat (Wat Okatsibuaban)	วัดโอกาส (วัดโอกาส ศรีบัวบาน)
		Wat Pho Si	วัดโพธิ์ศรี
		Wat Phra In Plaeng	วัดพระอินทร์แปลง
		Wat Phra That Phanom	วัดพระธาตุพนม

國家位置	府／省	寺廟名稱	
泰國 東北部	那空帕 農府	Wat Srithep Pradittharam	วัดศรีเทพประดิษฐาราม
	農開府	Sala Keoku Park	ศาลาแก้วกู่ (วัดแขก)
		Wat Phirom Yaram	วัดภิรมยาราม
		Wat Pho Chai	วัดโพธิชัย
		Wat Sa Kaeo	วัดสระแก้ว
		Wat Si Mueang	วัดศรีเมือง
		Wat Sisaket	วัดศรีษะเกษ
		Wat Srikunmuang	วัดศรีคุณเมือง
		Wat Thai	วัดไทย
		Phra That Klang Nam (Phra That Lanong)	พระธาตุกลางน้ำ (พระธาตุหล้าหนอง)
		Wat Thung Sawang	วัดทุ่งสว่าง
	黎府	Loei City Pillar Shrine	ศาลหลักเมือง-เจ้าพ่อกุดป่อง
		Phra That Si Song Rak	พระธาตุศรีสองรัก
		Wat Banphot Khiri	วัดบรรพตคีรี
		Wat Chaloem Rat Samakkhi	วัดเฉลิมราษฎร์สามัคคี
		Wat Maha That	วัดมหาธาตุ
		Wat Neramit Wipatsana	วัดเนรมิตวิปัสสนา
		Wat Phon Chai	วัดโพนชัย
		Wat Si Phum	วัดศรีภูมิ
		Wat Srikhunmuang	วัดศรีคุนเมือง
		Wat Tubmingkwan	วัดทับมิ่งขวัญ

國家位置	府／省	寺廟名稱	
泰國 東北部	穆達 漢府	Wat Si Mongkol Nua	วัดศรีมงคลเหนือ
		Wat Si Mongkol Tai	วัดศรีมงคลใต้
		Wat Si Sumang Wanaram	วัดศรีสุมังค์วนาราม
		Wat Sriboonrueng	วัดศรีบุญเรือง
		Wat Yot Kaeo Siwichai	วัดยอดแก้วศรีวิชัย
寮國北部	永珍省	That Dam	ທາດດຳ
		Vat Michayaham	ວັດມິໄຊຍາธาม
		Vat Phonexay	ວັດໂພນໄຊ
		Vat That Luang Neua	ວັດທາດຫຼວງເໜືอ
		Vat That Luang Tai	ວັດທາດຫຼວງໃຕ້
		Vat Sisaket	ວັດສິສະເກດ
	琅勃 拉邦省	Vat Aham Outama Thany	ວັດອາຮາມ ອຸຕະມະ ທານີ
		Vat Choumkhong Sourintharame	ວັດຈຸມຄ້ອງ ສຸธິນທາธาม
		Vat Haw Pha Bang	ວັດຫໍພะບາງ
		Vat May Souvannapoumaram	ວັດໃໝ່ ສຸວັນນະພູมาธาม
		Vat Phonxay Sanasongkham	ວັດໂພນໄຊຊະนะສົງคาม
		Vat Sensoukharam	ວັດແສນສຸຂາธาม
		Vat Sibounheuang	ວັດສິບຸນເຮື່ອງ
		Vat Siphoutthabat Thippharam	ວັດສິພຸດທະບາດ ທິບພาธาม

國家位置	府／省	寺廟名稱	
寮國北部	琅勃拉邦省	Vat Sirimoungkhoun Sayaram	ວັດສິຣິມຸງຄຸນ ໄຊຍາຮາມ
		Vat Souvannakhiri	ວັດສຸວັນນະຄິຣິ
		Vat Syrimoungkoun Xaiyaram	ວັດສິຣິມຸງຄຸນ ໄຊຍາຮາມ
		Vat Thammothayaram Thamsouvannakhouha	ວັດທັມໂມທາຍາຮາມ ຖ້າສຸວັນນະຄູຫາ
		Vat Visoun Narath	ວັດວິຊຸນນະຮາຊ
		Vat Xiengmouane Va Jiramangal	ວັດຊຽງມ່ວນ ວຊິຣມັງຄາວ
		Vat Xieng Thon Ratsavoravihanh	ວັດຊຽງທອງ

說明：

1. 田野採集時間：2015-2019年。

2. 佛寺（temple, วัด, ວັດ）一詞，泰國慣用Wat，寮國慣用 Vat 指稱。

3. 寮國的觀光英譯尚未成熟，因此不少佛寺名稱會出現錯誤，或者 "Wat，Vat" 混用的情況，為使資料統一，本表均以 "Vat" 指稱寮國的佛寺。

新銳藝術48　PH0290

新銳文創
INDEPENDENT & UNIQUE

泰寮湄公河流域
那伽美術調查
——從文學到藝術的過程

作　　者	張雅梁
責任編輯	吳霽恆
圖文排版	黃莉珊
封面設計	王嵩賀

出版策劃	新銳文創
發 行 人	宋政坤
法律顧問	毛國樑　律師
製作發行	秀威資訊科技股份有限公司
	114 台北市內湖區瑞光路76巷65號1樓
	電話：+886-2-2796-3638　傳真：+886-2-2796-1377
	服務信箱：service@showwe.com.tw
	http://www.showwe.com.tw
郵政劃撥	19563868　戶名：秀威資訊科技股份有限公司
展售門市	國家書店【松江門市】
	104 台北市中山區松江路209號1樓
	電話：+886-2-2518-0207　傳真：+886-2-2518-0778
網路訂購	秀威網路書店：https://store.showwe.tw
	國家網路書店：https://www.govbooks.com.tw

出版日期	2024年6月　BOD一版
定　　價	400元

讀者回函卡

國家圖書館出版品預行編目

泰寮湄公河流域那伽美術調查：從文學到藝
術的過程 / 張雅粱著. -- 一版. -- 臺北市：
新銳文創, 2024.06
　　面；　公分. -- (新銳藝術；48)
BOD版
ISBN 978-626-7326-22-0(平裝)

1.CST: 宗教文化 2.CST: 佛教藝術
3.CST: 區域研究 4.CST: 中南半島

738.03　　　　　　　　　　113004434